家族力の根拠

亀口憲治❖著
KAMEGUCHI Kenji

ナカニシヤ出版

家族力の根拠

亀口　憲治

目次

第Ⅱ部　家族力の深層構造

はじめに

核家族の「核」を見つめる

今では日本のほとんどの家庭が核家族化していることは、周知の事実である。しかし、改めてその「核」とはいかなるものかを問われると、返答に窮してしまう。まさか、それが原子核でできていると言うわけにもいかないだろう。冗談はさておき、何かと気ぜわしい世相の中で、このようなことを本気で考える物好きはあまり多くはないだろう。普通に考えれば、この核は、「親子水入らず」という表現に込められた、血のつながり（血縁）の意味でとらえられているのではないだろうか。親子とりわけ母子関係については、この理解がぴったり当てはまる。しかし、他人同士の結びつきである夫婦の結びつきには、当てはまらない。それに、子どものない夫婦のばあいは、「核なし家族」と言うことになってしまう。

確かに、昔から「子はかすがい」と言われてきたように、夫婦にとって子どもの存在が大きいことは言うまでもない。ただし、現代の家族の実状は、少子化によって子どもの数が減少しているだけではなく、子どもがいない大人だけの、それも一人か二人の世帯が急激に増加している（ちなみに全国の平均世帯構成人員は約二・七人）。もはや家族ではなく、「個族」の時代だと主張する研究者さえ現れているほどである。私も、へたをすると多くの核家族が核分裂を連鎖的に起こすかもしれないとの懸念を抱いている。

このような家族の現状を踏まえると、かつての家制度の根幹をなしていた親子の血のつながりよりも、むしろ夫婦の心の絆を家族の「核」とするほうが適切ではないだろうか。もともとは他人同士であった男女が、双方の合意に基づいて生活を共にするという結婚の過程そのものを、家族の「核」の形成過程として見直す必要性を感じている。

そこで、いささかものものしい印象を与える「核」という言葉に換えて、以後は「絆」という柔らかさを持った言葉を使って、夫婦の核作りの過程を再考してみたい。絆という言葉は、「情に絆（ほだ）される」という表現に、その本質的な意味合いが見て取れる。『広辞苑』によれば、とくに、人情にひかれて心や行動の動きが束縛されることを意味している、とのことである。

縁もゆかりも無かった男女が運命の赤い糸に導かれるように出会い、互いの心が引き合って「束縛」しあうようになるまでが、夫婦の絆が形成される第一段階である。それは結婚という手続きを経ることによって、私的な関係ではなく、社会的に認知された特別の関係へと質を変えていく。その質的転換の中心は、二人の性的関係が社会的に、そして倫理的に承認されることである。夫婦の絆は、心と同時に身体的にも束縛を強めることを無視できない。現代の夫婦には、この点に関して多くの潜在的危機が存在しているようだ。かつて、日本は欧米諸国に比べて離婚が少ないと言われてきたが、二〇〇〇年度の最新の統計によれば、ついに離婚件数が二十六万件を超し、さらに増加することが予測されている。また、離婚に至らないまでも、数年前の『マディソン郡の橋』や『失楽園』ブームに見られるような潜在的な不倫願望が、ごく普通の平均的な夫婦にも広がっていると推測されている。また、二十代の若い夫婦でさえ、「セックスレス夫婦」と呼ばれるような性生活がほとんどない夫婦の増加現象が、臨床家によって報告されている。

心が先か、身体が先なのかの論議は別にして、夫婦の絆のもろさが危惧される状況にあることは否定できないようだ。それは夫婦関係にとどまらず、親子関係にも望ましくない影響を与えるだろうことは、専門家ならずとも容易に想像がつくだろう。数年前から問題になっている女子高生の「援助交際」などにも、その影響が及んでいると見るべきだろう。

仕事のストレスをかかえながら、妻との間で心の癒しを得ることのできない中年男性が、自分の娘と同世代の女子高生に「援助交際」をもちかけるような社会風潮は、現代の平均的なサラリーマン家庭の深層に潜む心理的な「活断層（ズレ）」を鮮明に炙り出しているのかもしれない。実際に援助交際に踏み出す者の数は少ないにしても、そのような願望を密かに抱いている人間の数は、援助する側もされる側も相当な数に及ぶのではないだろうか。

他方、妻の側に視点を移せば、夫との親密な腹をわった会話ができないという不満は、ごくありふれたものである。自然と妻の心は子どもに向く。男の子であれば、本来は夫に求めるような情緒的な関係を、半ば無意識的にその息子と結ぶことになる。母親から見て「良い子」であれば、母と息子の密着した関係（絆）を絶つことは、双方にとって難しい課題になる。このように、夫婦の心と体の両面での絆のほころびは、やがて思春期の子どもを巻き込み、家族全体が崩壊の危機に直面することにつながる。私のように家族を対象とした心理的援助の仕事をしている者にとって、子どもが思春期に達した時こそ、夫婦の絆の真の強度が試される試練の時期だと痛感させられることは、日常茶飯事である。

家庭内の活断層

思春期の子どもを持つ大多数の親にとって、あいつぐ少年による殺人事件は、決して他人事ではすまされないとの危機感を与えているに違いない。しかも、多くの事件が、それまでとりわけ問題のなかった「普通の子ども」によって引き起こされているだけに、平均的な親の不安感は相当に高まっているようである。これらの一連の出来事は、阪神大震災でにわかに注目を浴びた「活断層（地層のズレ）」のすさまじい破壊力のように、家族や親子関係についても、表面的に異常がないからといって深部に亀裂や断層が全く存在しない保証はないことを暗示しているかのようである。親から見て、わが子が良い子や普通の子と見えていても、それは親向けの「仮面」でしかないのかもしれない。その仮面の下には、親が気づいていない悩みや葛藤、あるいはコントロールしがたい性や暴力の衝動がうごめいているようだ。

一般的に見て、小学生の中学年頃までは、そのギャップはそれほど大きなものではない。しかし、中学生になり思春期特有の心身の不安定さが顕著になれば、ごく普通の子どもも自分の内部に生じる「心の活断層」に悩みはじめる。その際に、乳児期から密着してきた母親にとっては、子どもの心のなかに地下のマグマのような性や暴力の衝動が湧き起こってくることに冷静に対処することが困難な場合は少なくない。そのような生々しい問題に直面する自信のない母親は、子どもの苛立ちを友達のようなものわかりのよさでかわし、活断層の存在を無視しようとする。普段から接触の少ない父親は、母親以上にそのようなやっかいな問題には眼を向けようとはしない。急激な心身の成長とともに、心の内部での活断層の拡大に密かに脅える中学生は、ほんのわずかの心理的な衝撃をきっかけとして暴発してしまう可能性が高い。

では、どうすれば子どものそのような暴発を防ぐことができるのだろうか。言うまでもなく、家庭内のコミュニケーションを良くすることである。しかし、これを日常的に継続することは、たやすいことではない。第一、中学生ともなれば、子どもの方が親と話をすることを拒否したり、避けたりすることも少なくない。親のペースでいくら子どもとのコミュニケーションを図ろうとしても受け入れられなくなってしまう。小学生であれば、好きなお菓子でもちらつかせれば、すぐに寄ってきてなごやかに話ができたものが、その手も使えなくなるのである。

つまり、子どもの成長は親にとって都合の良いことばかりではなく、むしろ家庭内コミュニケーションの観点からは、非常にやっかいな段階に突入すると心得ておく必要がある。この時期の子どもに対しては、誰にでも通用するような便利な応対のマニュアルは、残念ながら存在しないのが実状である。自分自身をもてあましているかのようなわが子と向かい合いながら、解決策を模索していく以外に手はないのかもしれない。これを母親だけでやろうとすると、無理が出てくる。とりわけ、男の子の場合には、母親では今一歩踏み込むことが難しい問題が登場してくる。このような時にこそ、よく言われる「父親の出番」である。ただし、仕事中心でそれまでわが子の内面にまで関心を向けたことがない父親にとっては、この家庭内での「仕事」は予想以上に手ごわいものとなる。

いずれにしても、この時期の親子間のコミュニケーションを促進するには、夫婦協働で取り組む必要がある。母子間については、親離れと子離れの課題が中心となるが、この第二の出産とも言える場面での産婆役を父親が務める気持ちでいると、比較的にことがスムーズに運ぶようだ。つまり、父親は妻と子どもの間に割って入り、それまでの母子の絆をいったんは断ち切り、新たに大人と準大人の関係を結び直す作業を手伝うのである。

「家族力」という発想

タッチングという言葉をご存知だろうか。肌と肌のふれあいのことを指す言葉だが、具体的には、母親が乳児を優しく手でなでている様子を思い浮かべれば容易に理解していただけるはずである。実は、このような親子の間で交わされるタッチングの経験の有無が、思春期の親子のコミュニケーションの問題にも関係してくる。親子間のコミュニケーションは、二歳頃に言葉を使った会話ができるようになる以前から、タッチングを含む身体的言語によるコミュニケーションとして始まる。したがって、親子の身体的なふれあいが少ない場合には、親子間のコミュニケーションの基盤にもろさが生じる。それが、子どもが思春期を迎える頃には、見えざる「活断層」として親子関係の心の深層に亀裂を生じさせるのである。

これに対し、母子間で乳幼児期から親密なふれあいがなされていれば、思春期になって多少の行き違いやコミュニケーションの障害が生じたとしても、親子の信頼の土台は揺るがず、遅かれ早かれそれを乗り越えて行くことができる。また、母子間だけでなく、父と子の間のタッチングによるふれあいも、親子間の絆の形成には貴重な効果をもたらすことが知られている。母子間のふれあいが、子どもの不安を鎮め、安心感を与えるのに対し、父子間のふれあいは、子どもを興奮させ、意識を高揚させる方向で影響を与えることが多い。たとえば、肩車をして高い位置から見た気分を満喫させ、相撲で親の体に思い切りぶつからせる体験をさせるなどの働きかけは、困難な状況に勇気を持ってぶつかっていく姿勢や態度を子どもに伝えるうえでは、有効な手段と言えよう。

私は、このような家族の間の生のふれあいや親密さが、本書で提起しようとしている「家族力」の素になるのではないかと考えている。母子間および父子間のふれあいが子どもの成長段階にふさわしいものとなるためには、夫婦の合意形成のための努力が不可欠である。ただし、それはたやすいことではない。夫婦が親の役割を具体的な場面でどのように果たせばよいかについて、誰も確たる解答を出せるものではない。それは、教師やカウンセラーなどの専門家であっても同じことであり、わが子に一般論は通じるものではない。それだけに、子育てをもっぱら母親の役目とせず、夫婦の共通課題としてわが子の誕生の時点から、双方の心に留めて置くことが必要だろう。ともかく、他人同士であった夫婦が、表面的な平和を保つ為に互いに仮面をつけたままで生活を続けていたのでは、家族力の土台を築くことはおぼつかない。

本書では、この家族力の心理的構造を明らかにするとともに、その具体的な補強策について、臨床実践に基づく私なりの考えを述べていきたい。

第I部

家族力の根拠を求めて

「家族力」という言葉は、本書で私が初めて用いる言葉である。しかし、このような言葉の必要性を感じ始めたのは、かなり以前からのことである。直接のきっかけは、一九八〇年から二年弱のニューヨーク滞在中に「家族療法」という最新の心理療法に出会ったことである。これは、私にとってまさしくコペルニクス的な転換となった。家族療法との出会いによって、「家族」を個人につきまとう付随的存在として見る視点から、個人をうちに含む、境界のさだまらない未確認領域として「家族」を見る立場へと急展開し、その底知れぬ謎に魅せられてしまったのである。その秘められた「力」を強調するためには、「家族力」という言葉がふさわしいと感じている。

それから、二十年以上の年月を経て、私にとって家族の謎は解き明かされるどころか、さらにその奥の深さを痛感させられている次第である。それはなぜだろうか。第Ⅰ部では、その根拠を明らかにしたいと考えた。おおかたの読者にとっては、家族とは日常的な存在であり、珍しくもない存在ではなかろうか。つまり、水や空気のようなものであり、あって当たり前といった対象ではないだろうか。しかし、そうではないことを、以下に続く三章を通して、まず理解していただきたい。

第1章
家族力とは何か

1. 家族力の時代

江戸時代の家族

何かとしがらみが強かった戦前の家族関係が、いまやばらばらの個人に分裂した状況にあるのが現代の家族であり、それは広範な家族の崩壊につながり良くないという意見がある。他方で、社会変動に伴って家族のあり方が変化するのは当然のことであり、いたずらに危機感をあおるべきでないという意見もある。どちらにも、一理あるだろう。しかし、ここで、議論の前提となっている「戦前の日本の家族」について、少しふりかえって考えてみよう。

まず、一般に信じられている通説と異なり、江戸時代の日本では、離婚が比較的容易になされていたことに注目したい。同時期に、欧米では、カトリックは離婚を認めず、プロテスタントでも二〇世紀になるまで、簡単にはできなかった。また、中国でも、明清時代には、女性が再婚することは許されず、したがって離婚は容易ではなかった。しかし、江戸時代の日本の状況は、欧米とも中国とも大きく相違していた。実際上、夫婦いずれからの要求でも離縁があり、「合わせ物は離れ物」ということわざがあったほどだというのである（渡辺、二〇〇〇）。

その要因のひとつとして、当時の結婚の相当数が嫁入りではなく、婿とりであったことが指摘されている。江戸時代中期は人口が横ばいであり、平均の子どもの数が二人だったために、計算上は約四分の一の結婚が、婿養子だったことになる。運悪く婿養子の夫婦仲が悪くて離縁ということになれば、「家」を去らねばならないのは、夫のほうだったのである。養父母が娘の希望に添って養子を離縁すると言い出せば、それに抵抗することは難しかった。さらに、あまり社会的な批難を受けることなく再婚が可能であったことも、離婚を促進する条件となっていた。当時の大名・旗本に関する『寛政重修諸家譜』などの歴史資料から推定して、再婚率は五〇パーセントを超えていたことが確実視されている。町人・百姓であれば、離婚や再婚が深い傷を残すようなことは、あまりなかったようである。

つまり、江戸時代の日本の結婚の状況は、現在の欧米のような離婚大国に近く、逆に同時期の欧米や中国は離婚小国だったことになる。二〜三世紀前のこととはいえ、家族の核とも言える「夫婦の絆」がもろく、かならずしも永続的ではなかったことだけは確かである。したがって、欧米や中国はいざ知らず、日本の場合には、現代になって初めて離婚する夫婦が増えたのでなく、むしろいつか来た道を歩むようになったたけのことかもしれない。

個人力の限界

江戸時代の人々が、「合わせ物は離れ物」という実に簡潔な表現で、夫婦という二人の男女の仲を言い当てたように、しょせん核家族の絆はもろいものであり、壊れても当然なのかもしれない。しかし、江戸時代と現代の日本の間に大きな相違があることも無視できない。それは「家」という日本独特の家族システムの存在である。長く続いた商家に典型的に見られるように、男子の跡取りがいなければ婿をとり、男子がいても商才に長けていなければ早々に隠居させて、有能な使用人が跡を継いで嫁を迎え、「家」システムを存続させていった。つまり、家族の重要な属性となっている「血縁」や「一子相伝」をあまり重要視していなかったのである。そこには、ビジネスと家族の両方のシステムをうまく相互に調整しながら、維持発展させようとする巧妙な仕組みがあった。この点では、同じ儒教文化圏に属する韓国とも異なっていたことが、知られている。事実、このような商家存続のシステムを持たず直系の血縁のみを重視する韓国には、わが国の三井家や住友家などのように数百年も続いた有力な商家は存在しない。

誤解を避けるために言っておくと、私はここで、太平洋戦争前まで続いた日本の伝統的な家父長制にも良いところがあったなどということを主張しようとしているのではない。現代日本における離婚の増加を、家族崩壊や社会病理が蔓延している証拠として危機感をあおる態度、あるいは、江戸の昔も多かったのだから問題視する必要はないと等閑視する態度のいずれにも、くみするつもりはない。ここで強調しようとしているのは、夫婦が別れるにしろ、別れないにしろ、結局一人だけで生きていくことはありえないこと、また幼い子どもの立場に立てば、親をはじめとする保護者なしに生きていくことは不可能であるという、人間存在の素朴な原点に立ち返ることなのである。

近代の特徴をなす個人の生存能力や資質、つまり「個人力」に依存した家族の発想から、それを構成するメンバーの属性を問わず、「家族力」と今後私が呼ぶ、新たな「力」の概念に依拠する協働・協創の発想へと切り替えていくことが求められているように思う。すでにグローバル化した今日では、社会システムのみならず、家族という最小の人間関係を維持していくうえでも、「個人力」のみに頼ることはできない。いかに個人主義がはびこっているように見えても、実は「個人力」に頼る社会運営は、あらゆるところで限界に達しつつある。とりわけ、少子高齢化したわが国の明るい未来像を、個人力の増強のみに頼って描き出すことは不可能ではないだろうか。

家族力

「家族力」とは、すでに述べたように、私の造語である。その意味するところを理解していただくために、まず「力」という言葉そのものの再検討もしておきたい。この言葉は、生活のいたるところで使われている。専門家のあつまる会議でも、また日常的な会話でも、この言葉なしに、会話は成り立たないだろう。最近の学校教育をめぐるさまざまな論議の中でも、「生きる力」や「学力」は必須の用語となっている。職場でも、「競争力」という言葉が聴かれない場面を探すほうが、難しいのではないだろうか。

いずれの場合でも、われわれの認識の根底には、「力があることは善いことだ」という思い込みがあるのではないだろうか。さまざまな現実問題で共通するのは、力を有効に増強する手段や具体的な方法を見つけることが、それほど簡単ではないということのようだ。もうひとつの暗黙の前提は、その力を所有する主体が、ある個人を想定しているということである。その傾向は、欧米由来の個人主義が広く行き渡るにしたがって、強まってきた。いわゆる「ミーイズム」の到来である。われわれは遠慮せず、個人としての力を身につけ、法律の枠内であれば、自由にそれを発揮することができるようになった。個人が、さまざまな社会的抑圧から解放されて、その能力を生かし、可能性をためすことができるようになったのである。

しかし、日本の社会の隅々にまでこの傾向が浸透するにつれて、期待せざる副作用も現れてきた。人間関係の希薄化である。それに伴って、集団をまとめることが難しくなったのである。大都市を中心に、身近な生活の共同体であった地域社会が、人々の心の拠りどころとしての機能を失いつつある。地方都市や農村部でも、生活スタイルの変化に伴って、それまでの濃密な人間関係が薄れ、互いに関心を向け合うことが少なくなりつつある。その気楽さを歓迎する心理が根強いと同時に、犯罪が多発するようになった地区では、失った地域の連帯感を復活しようとする声も上がり始めている。個人の自由の追求と地域の連帯による安全や生活の防衛という、相反するかのように見える課題を解決するのは、関連するどの領域の専門家にとっても、なまやさしいことではない。

本書ではこの課題に、従来のような個人の力を強化するという観点ではなく、家族関係の総和が生み出す「家族力」を育てるという新たな発想法を用いることにする。

2. 家族力の低下

システム化される社会

図1を見ていただきたい。この図は、社会システムが市場経済や情報・物流のグローバル化によって急速に拡大すると同時に、個人システムの心理的隔壁が強化されたことによって、中間的なシステムである〈家族システム〉が、弱体化する運命にあることを示している。わが国の現状では、この中間システムが独自に果たしている役割を積極的に認め、その機能を高めるための具体的で有効な方策が、今のところ見当たらない。それは、私の専門領域である臨床心理学においても、残念ながら同様の状況にあるといわざるを得ない。なぜなら、臨床心理学の中核をなす心理療法やカウンセリングの理論や技法は、主に第二次世界大戦後に欧米から導入されたものであり、その基本原則は、悩

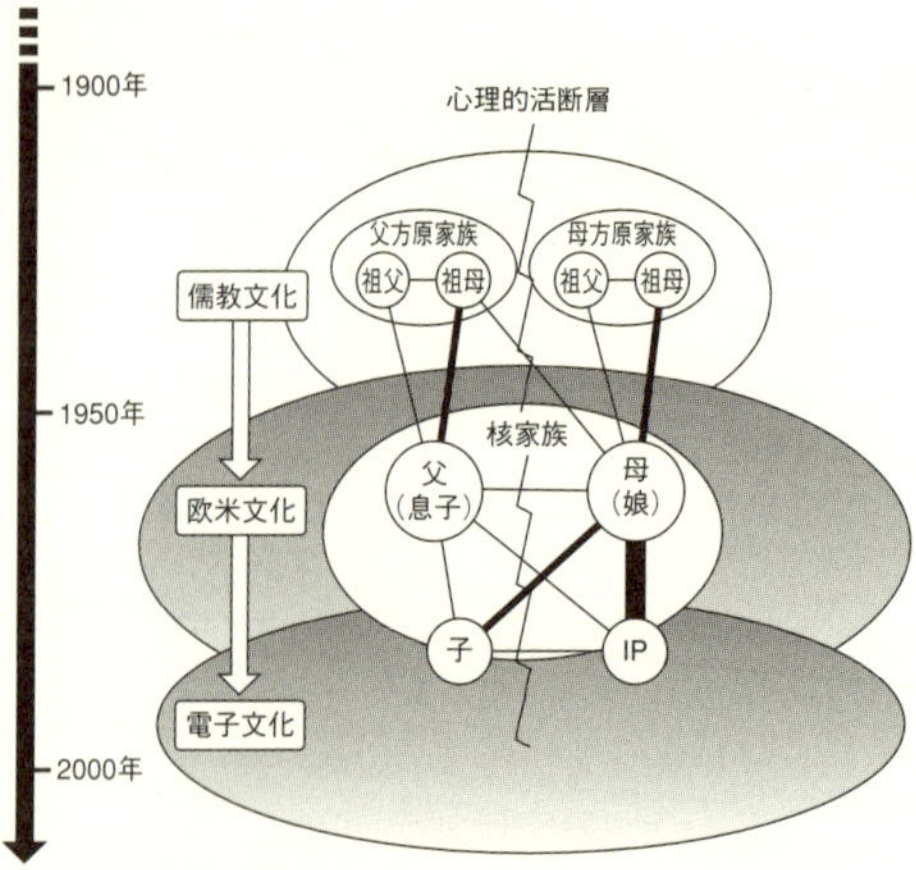

図1　戦後日本の三世代関係と文化変容

める個人を心理的に支えるところにあるからである。

とりわけ、わが国では戦前まで強固な家父長制の家族制度がとられていたことも影響しているのか、弱い立場にある個人を援助する専門家としてのカウンセラーや臨床心理士は、現実の家族関係そのものに関心を向けることは少なかった。しかし、八〇年代以降に欧米から家族療法が紹介されるようになって、徐々にその傾向は是正されつつある。それまでは、カウンセラーが家族の抑圧や束縛からクライエントを解放する役割を担っていたのかもしれない。つまり、カウンセラーは、家族をクライエントにとっての「仮想敵」のような存在としてとらえる傾向が強かったのである。ごく最近まで、クライエントの「個の尊重」を追及することは、臨床心理士やカウンセラーらの専門家としてのアイデンティティと表裏一体のものであった。それに比べれば、「全体としての家族」への心理的援助はつけたしのように受け止められ、むしろ邪道であるかのように扱われる傾向さえあったのである。

個人主義の幻想

しかし、不登校、育児ノイローゼや児童虐待の問題が急増し、社会問題となるにつれ、心の悩みや特定の心理的障害を内在していると推測される「個人」のみを対象とし、その衰えた力を回復させるという個人心理臨床の枠組みは、徐々にその威光を失いつつある。個人を取り巻くさまざまなネットワークの力を借りて対処せねばならない事例が、ますます増えてきているからだ。

集団主義的傾向が強かったわが国でも、経済活動を中心としたグローバル化の影響を受けて、より競争力に富む人材を育成するという視点から「個性の尊重」が謳われるようになった。しかし、スポーツや芸術など実力の差が素人目にも歴然と分かる一部の分野を除けば、個性の尊重は建前にとどまっており、組織的な活動が前提となる大多数の分野においては、個性的な言動を示す人物を異分子として排除する傾向は、いまだに払拭されていない。人々の本音は、そうそうたやすく変わるものではないようだ。

個性追求の問題について、大人であれば、良くも悪くも建前と本音を使い分けていける。小学生でも中学年くらいまでは、本人にその区分けができていなくとも親の判断に従っていれば、ことに対処できる。問題は、大人と子どもの中間段階、つまり、思春期・青年期に表面化することが多い。親と子あるいは教師と生徒の間で生じた葛藤関係を解決するために、臨床心理士やカウンセラーが仲介的な役割を買って出ることになる。小学校の高学年の前思春期段階になってくると、親子の間で判断が食い違ってくるものである。良い子のなかには、進路や部活あるいは習い事についての選択に際し、異論があっても親の意向に従ってしまうことが少なくない。親の中には、子どもが異論を唱えなかったことをもって、本人が同意したものと信じ込んでいる場合もある。多くの臨床心理士やカウンセラーが、そのような親子間の齟齬の後始末をしていると言えるかもしれない。俗に、「優等生の破綻」と呼ばれるタイプの事例が、これに該当する。

分断される夫婦

食い違いの発生は、親子に限らないようだ。夫婦間でも、すれ違いや双方の思い込みによる齟齬の例はいたるところに転がっている。にもかかわらず、その発生を未然に防ぐ手立てが講じられることは少ない。とりわけ、夫の側で夫婦関係に潜む分裂の危険性に直面することを避ける傾向が強い。単純に言えば、夫婦間の問題を話し合いたがらないということである。

一般には、結婚生活における不和は、否定的なコミュニケーションによって引き起こされると考えられがちである。しかし、それらはすでに葛藤をかかえ、心理療法やカウンセリングを受けている夫婦を対象にした経験則に基づくものが多い。そこで、ある研究者は、結婚を考えているカップルを対象として、良好なコミュニケーションをしているかどうかを測定し、その後の結婚生活における満足度を追跡調査した。結婚後二年半および五年半の時点で、結婚生活への満足度の高い群と低い群に分け、結婚前のコミュニケーション得点を比較すると、いずれの時点においても満足度の高い群のほうが結婚前のコミュニケーション得点が高かった。そして、両群のコミュニケーション得点の差は、結婚生活の進行とともに拡大する傾向が見られた。この結果からすれば、否定的なコミュニケーションは、夫婦関係への不満に先立って存在すると理解したほうがよさそうである。

夫婦によっては、夫婦の間で不和や問題の存在が自覚されず、自覚はされていても表面化していない場合も少なくない。いわゆる「家庭内離婚」と呼ばれる状態の夫婦もこれに含めて考えることができる。このような夫婦関係では、夫婦間暴力のような深刻な対立が発生する前提状態となる激しい感情、とりわけ攻撃的な感情の表出が抑制される傾向がある。つまり、彼らは強い感情を伴う心の交流を回避することで、夫婦間暴力の発生を未然に防ぐ術を心得ている夫婦だと言える。しかし、生涯にわたる夫婦関係の発達という視点からとらえれば、危機体験ともなりかねない強い情動体験を伴う心の交流を避けつづけることは不可能である。

特に問題がないかに見える普通の夫婦であっても、長い年月の間にはさまざまな予期せざる難題や、時には自然災害などの外部から持ちこまれた問題に遭遇することもある。交通事故にあう、あるいはがんなどの病気に罹患した場合にも、やはり強い悲嘆の感情や心的外傷にさらされることになる。いやでも、互いが心の殻を破って、真摯に話し合わねばならない局面が訪れる。そこでは、夫婦の心のコミュニケーションの質と量が、問われることになる。

高い自殺率や過労死と子どもの問題

これまで、家族力が低下している現状の一因は、夫婦関係の希薄化にあるという論拠を前提に述べてきた。しかし、私は、家族力が夫婦関係の悪さ、なかんずく夫の怠慢のみによって低下したと主張しようとしているのではない。むしろ、個別の臨床的援助にかかわる立場から、平均的な夫を取り巻くわが国特有の文化・社会的要因を無視できないと考える立場に立っている。

社会的にも問題となっている年間三万人を超す自殺者や、英語でもkaroushiが通用するほどに国際的にも知られるようになった過労死などで亡くなる人の大多数が、中高年の男性であり、夫である。これらの現象は、職場組織が効率重視の原則でシステム化されると同時に、個人の側では、異なったライフスタイルを追求することが奨励されるようになったことが、家族力の低下という思わぬ副作用をもたらした結果ではないだろうか。つまり、組織の原理と個人の原理を支える社会的な力は強化されているにもかかわらず、家族の原理を支える「根拠規定」なるものが不明確なままに捨て置かれている。

欧米では、都市化の進行や産業構造の変化に伴う家族の解体現象がわが国よりも先行した結果、ふたたび「家族の価値 family value」を見直す動きが各国政府をあげて推進中である。すでに、家族力の増強をめざした北欧の諸国での取り組みは、出生率の増加や学力の向上、さらには経済力の向上といった側面で、着実な成果をあげつつある。かつての高度成長期のわが国では、「マイホーム主義」が生産性向上の障害になりかねないとして、否定的にとらえられていた。家庭重視の夫は、「女房の尻に敷かれた」出世の見込みのないふがいない輩と揶揄されたものである。しかし、そのような男性優位社会の風潮は、わが国における家族力低下の「主犯」だったかもしれない。六〇年代当時は、経済戦争を勝ち抜くために「会社力」の増強が至上命令となっていたからである。

同じ時期に「受験戦争」に駆り立てられていた子どもたち、そしてそれらの戦争を戦う夫や子どもを「銃後」で守る「専業主婦」の妻という構図は、八〇年代末のバブル経済を頂点とする時期まで続いた。この間に、わが国の「家族力」は急速に萎えていったのではないだろうか。誰もが、家族にこだわる「根拠」を失ったのである。七〇年代以降一貫して、子どもの問題を臨床心理の専門家として見つめてきた私にとって、八〇年代初期に始まる教育問題の多発は、無視できるものではなかった。校内暴力、いじめ、不登校、少年による凶悪事件は、そのつど社会的注目を集めた。しかし、ついぞその母体となる根本の仕組みが解明されることはなかった。私が、それを「家族力の低下」に求めようとしていることは、すでに読者にはご推察いただけたのではないだろうか。

3. 家族力の再生

資源としての家族

この家族力の低下を食い止め、さらに再生させるためには、伝統的な血縁や民法上での規定に頼らず、その家族構成員そのものが独自に見出した「根拠」を見出す必要があるだろう。その根拠とは、与えられるものではなく、家族構成員が互いの協働作業を通じて獲得する性質のもののようだ。私が、そのことを意識するようになったのは、数多くの不登校や引きこもりの子どもを持つ家族との家族療法を通じての出会いであった。

たしかに、人が通常の生活を送っている限り、「家族力」などというようなことを意識したり、考えたりする必要も、また暇もないものである。しかし、子どもが理由もなく学校を長期に休み、同世代の友人との接触を絶って自室にこもるというような事態になれば、親としてはほうっておくわけにもいかなくなる。また、特に思春期の子どもであれば、母親だけで対応するにも限界が生じてくる。いわば、家族力の重要な構成要因としての「夫婦力」が要請される物語の背景が、整ってくる。

不登校を主題とする無数の家族の物語を見てきた私にとって、家族療法の面接室を舞台として展開される物語は、一般に予想されるような悲劇的なものではなく、むしろさまざまなかたちでのハッピーエンドに向かう「心の冒険物語」であった。私が実践してきた家族療法ないし、家族療法的カウンセリングの基本原則は、まず家族を病理の源と見るのではなく、むしろ問題解決の資源を無限に持つ集団として理解することに立脚している。多くのカウンセリングや教育相談の現状に見られるように、母親だけが問題解決にかかわるようでは、病理重視から資源重視へ視点を転換させることは難しい。

その転換を可能にする要因としては、父親やそれに代わる人物の参加が鍵を握っている。なぜなら、彼らは、会社をはじめとしてシステム化された組織の原理によりいっそう強く縛られ、はからずも「家族力低下」の一翼を担わされてきた存在だからである。その父親が、家族であることの根拠に直面せざるを得ないのが、家族合同での面接場面である。通常は、家族病理の主犯とされがちな母親の「共犯」に仕立てられないようにするには、カウンセラーが提案しようとする「資源論」に加担する以外に、手はないはずだからである。

協働する家族

カウンセラーが積極的に家族の資源に注意を向けさせようとしても、簡単にそうはできないことも多い。つまり、それまで子どもの問題に四苦八苦してきた母親にしてみれば、そのようなカウンセラーの態度は、問題の深刻さから目をそらそうとする〈はぐらかし〉のように受け止められてしまうこともあるからだ。母親の不満は夫にも向けられ、そこで夫婦の間の緊張が高まり、たちまち夫婦間の関係の病理が表面化し、カウンセラーが遵守しようとしている資源論の原則など吹き飛ばされてしまうことさえある。わが国ではいまだに影響力が大きい、母原病論に代表されるような病理論の呪縛から解放されることは、その被害者であるはずの母親自身にとっても容易ではないようだ。

この初期の困難さを乗り越えるためには、会話だけではなく、子どもも参加できる表現手段を導入する必要がある。私がみずからの実践を通じて編み出した手法の代表作は、家族イメージ法（FIT）と家族粘土法である（亀口、二〇〇〇、亀口、二〇〇三a、b）。これまで、この二つの手法を用いて、「病理劇」とは異なる「資源劇」を、多くの不登校のご家族に体験してもらった。とりわけ、粘土法については、不登校の子どもばかりでなく、同席した兄弟や両親までもが一緒になって粘土造形を楽しむ姿を見ることができた。その姿を見ていると、こちらも元気になれるのである。また、そのような「楽」の場面への転換が予想できるようになると、その前段としての「苦」の場面での体験が生きてくることにも気づくようになった。つまり、「苦あれば楽あり」の原則である。

粘土（最近では超軽量の紙粘土『天使の粘土』を愛用している）という、まことに玄妙なる「道具」を手に入れたことによって、私の面接劇にはこれまでにない余裕が生まれた。妙な表現だと受け取られるかもしれないが、私にとって物言わぬ粘土が時に力強い助手に思えることがある。少なくとも、私の臨床実践の隠し味になっていることは間違いない。

癒しの場としての家族

家族療法の長い経験を通して痛感するようになったことがある。それは、低下した家族力を回復するうえで、「ペット」の果たす役割は軽視できないということである。これまで、私は人間の家族だけでなく、子どもたちが連れてきたさまざまな種類の犬、猫、ハムスター、鳥とも出会ってきた。彼らが面接室にいるだけで、不登校の子どもたちは安心していられるようだった。興味深いのは、ペットのことをあれこれ説明している子どもたちの話を聞いていると、あたかも彼らがペットの「親」のように、しかも、どちらかというと「愛情豊かな親」であるかのように感じられることが多かった。傷ついた彼らは、物言わぬペットに実に細やかな感情を向け、世話をおこたらないのである。

ペットは、愛玩動物とも呼ばれるように、もともとその存在自体に価値が置かれている。不登校の子どもにすれば、まことにうらやむべき境遇なのだ。しかし、そのペットも誰かが世話をしなければ生きていくことはできない。さいわい、自宅にいることがほとんどの不登校児には、ありあまる「時間」という資源がある。時間という資源に乏しい家人に代わって、豊かな時間資源の保有者である不登校児が、ペットの世話をすることになるのは自然な流れだろう。何より、不登校児はペットとの関係で心の傷を癒すことができる。カウンセラーが、不登校児からペットの話を聞き続けることで元気を取り戻した例は、私の経験に限らず、どこでも報告されている。家庭で飼われているペットだけではなく、馬術クラブなどにいる馬とのふれあいによって、窮地を脱していった不登校の例をいくつか経験したこともある。

夫婦の場合はどうだろうか。夫婦喧嘩が絶えない場合に、子どもへの影響を心配するのは、素人にもできることである。しかし、表面的には争いのない、俗に「仮面夫婦」と呼ばれるような、心の交流が乏しい夫婦関係の場合にも、間に挟まれる子どもにとっては、相当な心理的ストレスになっていることが多い。

このような場合では、子どもがペットによって癒され、元気を取り戻しても、冷ややかな両親の関係にふたたび巻き込まれ、問題が再発することも少なくない。

そこで、子どもだけでなく、両親にも「癒しの機会」を提供する必要が出てくる。さまざまな工夫が試みられているが、ここでは、リラクセーション法を夫婦で相互に行う方法を紹介したい。まず、心労で硬くなった肩や首などの部位をほぐす簡便なリラクセーション法をカウンセラーが夫婦に指導する。あとは、家庭で二人が交互に続けていくように指示する方法である。これは、前述した「タッチング」の効用を狙ったものでもある。つまり、リラクセーションの直接的効果だけではなく、夫婦が互いの健康をいたわる共通の「場」を家庭内に再建することにつながるからである。さらに、その両親の様子を子どもが目にすることができるようなら、それまで子どもが背負っていた心理的ストレスは、一気に軽くなることが期待できる。当初は困難と見えた家族力の再生も、このようなささやかな取り組みから始めることができるということを、ぜひ読者にご理解いただきたい。

●引用文献

亀口憲治　二〇〇〇　家族臨床心理学――子どもの問題を家族で解決する　東京大学出版会
亀口憲治　二〇〇三a　家族のイメージ　河出書房新社
亀口憲治　二〇〇三b　家族療法的カウンセリング　駿河台出版社
渡辺　浩　二〇〇〇　「夫婦有別」と「夫婦相和シ」　中国――社会と文化　第一五号、二〇八―二四三頁

第2章

現代家族の光と影

1. 地球生態系のなかの家族

地球環境の変化

太陽系第三惑星、別名「奇跡の水惑星」とも呼ばれるわが地球は、およそ四六億年前に誕生したと言われている。そして三五億年前に最初の生命が誕生した。それ以来、二〇世紀末の今日に至るまで、生命圏としての地球環境はいくどとなく大変化に見舞われ、多くの生物種が絶滅に追いやられた。その長大な生命の歴史から見れば、わが種である人間の歴史は取るに足らないほどの短さである。しかし、たかだか百年にも満たない一人の人間の一生から見れば、紀元後の人類史だけをとっても、種としての人間が体験してきた地球環境の変化とそれに伴う生存の危機は、無数にあったと言えよう。

現在も地球環境が、オゾン層の破壊や温暖化などにより、かつてない危機にさらされているという。しかしこれまでとは環境変化の意味合いが大きく異なっている。なぜなら、その危機の発生要因に人間自身が深くかかわっていることが明らかになりつつあるからである。たとえば、大気圏におけるオゾン層の破壊（人体に有害な紫外線の照射量の上昇を引き起こす）を取り上げれば、その原因は人々の生産活動や、日常生活での営み（従来型のスプレーの使用等）のなかで排出される大量のフロンガスが大気圏に集積されることにあるという。また、地球の温暖化（平均気温が一〜四度上昇することによって地球全体の水位が一メートル以上上昇し、多くの沿岸都市の水没が危惧される）の主因として大気中の二酸化炭素の増加が指摘されているが、これもエネルギー利用、人口増加、経済社会活動、農林業など、いずれも人間の活動に伴うものであることが、明らかにされている（竹内、一九八九）。

人間の生存を脅かすような地球規模での重大な環境変化を人間自身が作り出しつつあると言えよう。したがって、環境変化の悪影響を防止し、人間をはじめとする生物の生存を計るためには、人間の諸活動を根本的に見直し、地球生態系というグローバルな枠組みのなかで再検討する必要が生じてきているのではないだろうか。

相互依存の再確認

一般には、家族療法や家族心理学を専門にしている筆者などがこのような環境問題に言及することは、専門性の枠をはみ出した越権行為とも見なされるかもしれない。しかし、今日の家族療法の発展の基礎をなす論点のひとつは、家族というささやかな人間集団とそれがかかえる心理的諸問題を「生態システム（系）」という認識的枠組みを通して把握することであった。言うまでもなく、この生態システムの空間的広がりは最終的には地球全体におよぶもの（Lovelockのいうガイアとしての地球：ラブロック、一九八九）である。

そして、それが決して不必要な誇張でないことは、国際化の促進に伴う国境を超えた大規模な物と人との相互交流の実態を見れば、説明の必要はないであろう。また、通信衛星等を使った国際通信網の飛躍的な発展の状況は、ボーダレス（境界のない）社会を現実のものとしつつあるとさえ言えよう。技術的には、地球上のあらゆる人間はすでにひとつの「システム」として相互に情報交換が可能な状態にある。

ただし、「こころ」のレベルで見たときには、地球上の人間は同時におびただしい分断と葛藤の状況にとどまっている。多くの歴史的な民族間の対立は解消されず、むしろ大国内部での少数民族の自立化要求の動きは強まる傾向がうかがわれる。一方、同一民族でありながら、異なる政治体制化にあるために、いまだに二国を分断する国境線を自由に越すことができない分断国家の悲劇も続いている。

このような技術面での一体化現象と心の側面での分断化現象は、一見矛盾したものととらえることもできるが、実は人間存在の不条理性をそのまま反映しているに過ぎない。すなわち、人間は一方で他者との交わりを拡大することを欲し、それを可能にする各種の通信技術を開発し発展させると同時に、他方では自らの主体性（アイデンティティ）が他者から脅かされることを嫌う。さらに、その自己同一性の意識は、個人にとどまらず、家族や民族そして国家レベルまで連続しているからである。極論すれば、国際紛争も、

「自己と他者」の問題に還元できるのではないだろうか。その象徴が「境界線」をめぐる問題である。

通常、自他を分ける境界線は、個人、家族、地域、国家の各レベルで設定され、その内側は外側に対比して保護される。しかし、その保護が過度になれば境界線は硬直化し、外部からの新たな情報は入手困難となり、内部すなわち自己は弱体化する。絶えざる自己活性化のためには、積極的な外部との情報交換や交流が不可欠なのである。しかし、それは一方で自己同一性をおびやかす危機も内包している。個人としても、また集団としても人間は、このジレンマをかかえていると言えるであろう。すなわち、自己同一性を確保しつつ、相互に依存せざるを得ないのである。そしてその規模は国際化や情報化の潮流とともに年毎に拡大し、今や地球全域に及んでいるといっても過言ではない。

考えてみれば、自他の区別にしろ、依存と独立にしろ、いずれも人間発達の基本課題であり、その取組みはまず家庭で子どもが親を相手に始めるものである。したがって、この点でも問題の母体を「家族」に求めることは、的外れではないだろう。人間にかかわる現象の規模がどのように拡大しようと、その原型は最小社会集団としての家族の発達過程に内在しているように思われる。

家族の移動

交通機関の発達によって促進された人間の大規模な移動は、個人レベルのみならず、家族という単位でも活発に行われるようになっている。国内は言うまでもなく、国外への移動も頻繁になり、短期の一時的な旅行から、数年の滞在あるいは海外移住まで、さまざまな理由や意図による「家族の移動」が進行している。それに伴って、帰国子女問題に代表されるような異文化適応の問題もクローズアップされてきている。

異文化適応の問題は、一方向から見ているだけでは解決できない性質を帯びている。すなわち、自らが所属する文化から他の文化への適応をいかに計るかだけでなく、異文化に属する人々がこちら側の文化にどう適応するかという観点からも配慮する必要がある。異文化適応の問題は、同時に異文化間の二方向的なコミュニケーションをいかに促進するかという問題でもある。そして基本的に、両者が対等な立場に立つものでなければならない。一方の文化が他方を圧倒し支配することの弊害は、多くの歴史的事実が雄弁に物語っているからである。

興味深いことには、異文化適応や異文化間コミュニケーションの問題は、民族や国家レベルだけでなく、家族というレベルでも重要な意味を持っている。個々の家族はその家族なりの「文化」を持ち、独自のコミュニケーション様式を有していることが、最近の家族研究から明らかにされてきている。したがって、異なる家族文化のなかで生まれ育った男女が結婚生活を始めることは、ある種の異文化適応を要すること（夫婦双方にとって）であり、かつ新たな家族内コミュニケーションの様式を作り出す必要に迫られることでもある。

家族の移動が活発化することは、この異文化適応と異文化間コミュニケーションの問題がいくつものレベルでますます複雑化し、多様化することにつながっていく。この点でも、地球生態系内の相互存在の傾向に拍車がかかっていると見るべきであろう。もはや、人間がかかわる事象のなかで相互に無関係なものはないと考えたほうがよさそうであり、まぎれもなく「現代日本の家族」もその渦中に置かれている。

2. 社会変動と家族危機

経済発展と家族文化の衰退

物質的欠乏の状態が極限にまで達した第二次世界大戦後のわが国にまず求められたのは、経済再建であった。当初不可能とも見られていた、その課題をわずか二十年足らずで達成したわが国の経済は、さらに奇跡とも言われるほどの発展を遂げ、現在では米ソ両大国を脅かすほどの力を有するに至った。今日おびただしい数量の日本製品が世界中に出回っており、物質的文化という側面では、日本は支配的な位置を占めるほどになっている。その物質的文化の繁栄を推進しているのが、日本の企業活動であり、またそれを根底で支えている企業文化であると言ってもよいであろう。

ひるがえって、俗に企業戦士と呼ばれながら、滅私奉公的に働き続ける父親族を企業に送り出してきた家族の生活実体はどうだったのだろうか。先進諸国のなかでは際立って長い労働時間に加えて、通勤に往復三時間を越すことも珍しくはない住宅事情のために、平均的なサラリーマンの父親の在宅時間は、せいぜい本人の生理的欲求を満たすだけの最低限のレベルに切りつめられてきたのが現状である。これでは、夫婦が時間をかけて互いの生きがいを語り、子育ての苦労を分かち合う余裕など見つけようがない。日本の多くのサラリーマン家庭は、「心理的母子家庭」だと言われることもあるが、決して誇張ではなく、かなり正確な表現ではないだろうか。最近では、その母親さえ職場進出を始め、在宅時間は短縮される傾向にあり、将来的にはさらに加速されることも予想される。このままでは、核家族の家庭は「心理的空き家」になってしまうのではないかとの危惧さえ抱く。

願わくは杞憂に終ってほしいところであるが、近年、社会問題化し始めた不登校児の家族を対象に、数多くの家族療法を経験してきた筆者には、「長時間の在宅を続ける子どもたち」（一般に不登校児と呼ばれている）の増加は、その懸念と奇妙に符号しているように感じられてならない。つまり、登校せず（心理的には登校できず）在宅を続けている子どもたちは、そのナイーブな感性によって家族の空洞化を感じ取っているのではないだろうか。在宅時間を短縮し続けてきた親や他の家族に代わって、この子どもたちは無意識のうちに「家」の守りについているように思われる（誰も評価してはくれないが）。

「家になんか閉じ籠っているのは無能だ」という社会的に広く行き渡った通念は、たっぷりとした在宅時間が確保されてこそ初めて可能になる、家族の文化活動（いわゆる大衆文化とは異なる家族独自のもの）へ人々が目を向ける際の大きな障壁になっている。社会的にそして人間にとって価値あることは、家の内ではなく、外にあるという通念の力は相当に強力だと見える。平均的なサラリーマン家庭では、短い在宅時間でさえ互いが顔を見合わせて会話するよりは、大衆文化を間断なく送り込むテレビなどのマスメディアに釘づけにされているのではないだろうか。

その背景の要因として考えられることは、戦後それまでの家制度が廃止されるに伴い、制度に付随していたもろもろのわが国固有の家族文化も一緒に葬りさられたからであろう。代わって、米国の占領政策とともに持ち込まれた大衆文化こそが「文化」の名に値するものとして人々の夢や生活目標となっていった。若者ほどその影響を直接に受けたことは疑いない。現在の大方の核家族はその世代が築き上げたものである。その家族に、家族固有の、あるいは自前の「文化」を望むこと自体が無理なのかもしれない。企業の生産活動と見事に組み合った形で発展してきた戦後日本の大衆文化を享受し、そして支えてきた世代の家族にとって、「わが家独自の文化活動とは何か」などと問われても、あまり回答らしきものを準備できないのではないだろうか。また、一部の識者（山田、一九八五）を除けば、誰もそのような問いを発することすらしなかったのが実情である。

大量生産と効率的な物流システムのおかげで各家庭に行き渡った均質な製品によって作り上げられた大衆文化のなかで生まれ、そして育ってきた子どもたちのなかから、何か平均的でない、他と差異のある価値観を手探りで見つけ出そうとする一群の子どもたち（多くの不登校児がそうではないかと推測している）が登場し始めている。それは人間が自ら生きてあることの意味を探し始める存在であると仮定するならば、不可思議な現象ではなく、むしろまともなことではないだろうか。彼らの出現は、安定期に達した日本の社会と家族に、これまでの均質で没個性的な大衆文化とは異質な、自前の家族文化の勃興を促すサインだとも受け取れる。なぜなら、子どもが、「人とは違う生き方」を選び取ることを支えられるのは家族であり、その独自の文化規範だからである。

学校システムの硬直化と子どもの問題

不登校に限らず、いじめや校内暴力など子どもを巡る問題は尽きることがない。種々の要因のなかで、子どもが大部分の時間を過ごす学校という組織の特性と、それが子どもたちに与える影響については無視するわけにはいかない。

戦後の日本の学校は制度的には入念に整備されてきたと言えるが、その内容面についてはどうだろうか。種々の国際比較調査の結果などを見ると、平均的な基礎学力では日本の子どもたちは他の先進諸国をしのぐ得点を上げているようである。しかし、応用力の乏しさも指摘されている。そこには、すでに指摘されて久しい受験体制の弊害を認めざるを得ない。

教育問題の根幹にかかわる入試制度は、幾度となく変更されてきたにもかかわらず、学校システム自体はきわめて安定したまま、むしろ硬直化していると表現できるほどに、変化を免れてきたのではないだろうか。その硬直性は、国際経済の動向に絶えず敏感に反応して自己変革を続けてきたわが国の企業システムの柔軟性と好対照をなしている。

単純にその理由を考えれば、日本の社会が学校には自己変革を望まなかったからなのだろう。しかし、どのようなシステムも自己組織化の能力を失えば、そのシステムを取り巻く外部環境との落差が広がり、内部崩壊を避けるためには境界壁を厚くして自閉する以外に方法がなくなる。たしかに、日本の学校システムは部外者が気楽に入っていけるほどにオープンなものではない。そこには有形・無形のさまざまな障壁が張り巡らされ、その素顔を直視することはなかなかに困難である。私自身、あるＰＴＡの会合で発言しようとして、長年ＰＴＡ会長をしているという人物から「役員でない者は発言しないで欲しい」などという暴言を吐かれた苦い経験を持っている。

恐らく子どもたちは、学校システムの硬直性（病理性の一側面でもある）を理屈抜きで身をもって体験しているものと思われる。かつての校内暴力や、その後のいじめの多発、今また不登校の急増などの現象に見られるように、その現れ方が異なるだけで、本質的には硬直化した学校システムのなかで窒息しかけている子どもたちが、順に悲鳴や叫び声を上げていっているように感じられてならない。しかし、その硬直化の原因は、単に教師にだけ、あるいは校長などの管理職だけにあるのではなく、子どもたちの親も含めた社会総体の相互関係にあると考えられる。したがって、子どもの問題が社会問題化するたびに繰り返される「犯人探し」や、「責任転嫁」は真の問題解決にはまったく役立たない。

学校システムの硬直化を改善するにしても一朝一夕には実現不可能である。その間も子どもたちは絶えず影響を受け続けていく。彼らには重すぎる心の負担を取り除き、力づけてやれるのは、やはり両親を始めとする家族であろう。では、現代の家族はストレスにさらされた子どもたちをどのように受け止めようとしているのだろうか。

地域の流動化に伴う家族の孤立

戦後の激しい産業構造の変化に伴い、人々の生活拠点も地方から大都市やその周辺へと移動し、さらに転勤等による相互の移動も促進されてきた。その結果、数年もたてば地域内で生活する家族の相当部分が入れ替わってしまう事態も生じ、安定した地域の人間関係を維持することは難しくなってきている。これは頻繁に転居を繰り返すサラリーマン家族にとっても、また先祖伝来の土地に住み転居の可能性のない地付きの家族にとっても事情は同じであり、ともに表層的で一時的な関係にとどまらざるを得ない。

現代家族の高いモビリティーは、戦前に見られた固定的で因習に縛られた地域の人間関係から自由になることを可能にする一方で、家族が子どもや高齢者の問題などで悩みをかかえた場合でも、地域の人々から親身な援助を受けることが困難になりつつある。極端な場合には、壁ひとつ隔てた隣室の住人との接触さえない情景も大都市のマンションでは珍しくない。したがって、「地縁」すなわち同じ土地に暮らす人間同士のこころの絆、などということはほとんど当てにできない状況である。

だとすれば、戦前以上に家族内での自助努力や自己解決能力が必要になってくる。残念ながら、その家族の内在的なパワー（家族力）が家族を取り巻くさまざまなストレスに十分対応できるだけに高められているとは考えられない。家族の危機に対処し、家族の生存を計る主たる責任者は両親ないし夫婦であることにはあまり異論もないものと思われるが、とりわけ若い夫婦の場合には家族がかかえるさまざまな危機に対する免疫力が備わっていないことが多い。なぜなら、家族危機の解決は断片的な知識あるいは観念によって達成されるのではなく、情動を伴った体験や「人生の知恵」とも呼ぶべき視点の転換によってなされるほうがはるかに多いからである。児童期から受験を前提とした知的訓練に生活時間の多くを費やしてきた世代の夫婦にとって、人生危機に対応するだけの生活経験が乏しいことは責められても致し方のない事柄であろう。

地域社会の流動化によって家族が真理的な自由を得、自立することが容易になった反面、危機に立つ家族が孤立する可能性も増大したと言える。地域が家族を縛らなくなった代わりに、守ることもできなくなってきている。日本より二〇年以上も早くそのような社会状況に突入したアメリカでは、孤立した家族を援助するために、家族療法家やケースワーカーなどさまざまな専門家による相談・治療のための体制が整えられてきた。わが国でも家族危機に遭遇した家族への専門的な援助体制の確立が急務となりつつある（岡堂、一九八八、杉渓、一九八三）。

3. 巣としての家庭——そのメタモルフォーゼ

家族の神話

アメリカ人の家族療法家であるホフマン（Hoffman, 1986）は、家族を客観的にとらえることの難しさを説明するために、「人にとっての家族は、魚にとっての水のようなもの」だという比喩的表現を用いている。つまり、人の生存にとって家族は不可欠なものであるだけに、観察者が家族の影響をまったく受けず、客観的に家族が人に及ぼす影響について調べ上げることはできない。なぜなら、それはもし魚が自分たちにとって水が果たしている役割について知るために、いったん水から出てそれを調べようとすれば、命を失うことと同じだからである。

したがって、人は（家族についての専門家でさえ）自らの家族の個別的かつ特殊な影響下でしか対象としての家族をとらえることはできない。全ての家族観は、大なり小なり偏りを持っていると理解すべきである。また、その時代が理想とする家族像も時とともに、変容してきたことは言うまでもない。自然環境や文化・民族によっても家族に求められる規範は異なっている。当然、家族の何が正常で何が異常であり、どこまでが病理的でどこからが個性的だとするかの線引きは、通常考えられている以上に困難であることは理解いただけるだろう。

そのようなあやふやな、家族についての客観的指標に比べれば、むしろ各家族の親から子へ、そして孫へと伝えられる暗黙の了解事項（家族神話と呼ばれる）のほうが、強い影響力を家族成員に及ぼす。たとえば、代々医師の家庭の場合など、取り立てて職業選択の話をしなくとも、子どもが将来は医師なるつもりでいると家族が思い込んでいる場合がある。その神話にそって子どもが進路選択をすれば問題は生じないものの、時に逆らう者も登場することがあり、そのようなケースでは、家族は大きな危機をかかえ込むことになる。職業選択にしろ、強固な家族神話を持つ家族にあっては、その決定は個々の家族成員だけで単純に行われることは少ない。また、それを強行しようとしても他の家族成員からの強い抵抗に出会い、家族内に葛藤が生じる。

しかし、問題とされるべきなのは家族神話の存在そのものではなく、それが家族にとって明確な自覚なしに強い作用を及ぼすことなのである。つまり、それがどのような内容のものであれ、家族神話も家族文化の重要な構成要素であることは間違いないのであり、それをいちがいに否定すべきではない。ようは、家族成員が互いを結び付ける「縁」にどれほど共感的にかかわることができるかであろう。

変わりゆく男女の役割

家族が日常生活を送る家庭の原初的機能には、動物にとっての「巣」と基本的に類似したものが含まれていると考えられる。つまり、そこは生存に不可欠な生理的諸欲求を満たし、他の動物の攻撃から身を守る場所としての機能が期待されている。巣の構造的側面すなわち、家屋構造の問題も家族にとっては無視できない数多くの要因を含み、心理的影響もさまざまに指摘されてきた。また、巣の住まい方に関しては、歴史的に家族成員間で役割上の分化が進行してきた。なかでも男女間の役割分化は、戦前まではかなり固定し、しかもそれは男尊女卑という表現に見られるように、差別的色彩の濃いものであった。

動物にとって、そして人間にとってもきわめて根源的な「巣」のもうひとつの役割は、親にとっての子育ての場となり、子どもにとっては未知の世界に旅立つためのベースキャンプになることである。子育てについての男親と女親の役割分担は自然ななりゆきとして進行し、子どもの側でも親の性別によって接する際の反応や行動の傾向、あるいは認知に差異が生じ、その結果、父子関係と母子関係は同じ親子関係でありながら、かなり異質なものだと信じられてきた。普通、子どもの成長にとって母親の存在が不可欠だと考えられているのに比べれば、父親は副次的な役割しか期待されない。それは「母性愛信仰」とも呼べるほどに強固なものであり、子どもに対して母性的とされる行動を十分に示さない母親に対する社会的非難は、時に感情的色彩を帯びることがある。

しかし、かつて女性には本能的に備わっているとさえ考えられていた「母性行動」が、実は後天的に獲得される要素を相当に含んでいることが、発達心理学や母子相互作用などの研究から次第に明らかにされるにしたがって、母性愛の神話性が徐々に揺らぎ始めたのである。つまり、母性愛が後天的に獲得される要素を多分に含むとすれば、父親が強い愛情をもって子どもの教育にあたること、すなわち母性愛に匹敵するほどの豊かな父性愛を示す父親の存在可能性も否定できないことになる。子どもに対する親の愛情行動の優劣が、必ずしも生物学的に規定されたものではないとすれば、親の性差だけではなく親としての自覚あるいは性格といった個人差の要因を無視することができなくなる。

伝統的な親の性役割の見直し以上に、急速に拡大しているのが、職場での男女の役割の変化である（鹿嶋、一九八九）。この変化は、戦後、直線的に発展してきた企業文化の根底を揺るがしかねない潜在力を秘めている。もしかしたら、このあたりから衰弱化した家族文化を再建あるいは創造しようとする機運が盛り上がってくるのではないだろうか。なぜなら、企業文化の主たる担い手であった男性の意識変革が各家庭に持ち込まれ、家庭内での父親や夫としての役割や行動が変わり始めるだろうからである。また、国際的な圧力の下に進められつつある各職場における勤務時間短縮の動きが、この変化に促進的に作用することが大いに期待されるところである。

夫婦という他人

「巣」を取り仕切る夫婦が元をただせば他人同士であった事実は、日々の平凡な生活のなかでは忘れられがちである。特に子どもが幼少であれば、比重の軽重はあるにしても、両親ともに子育てにまつわる諸事に追われ、配偶者との関係やその内実を取り立てて考えるほどの余裕はないのが普通である。しかし、母親が子育てから解放され始めた頃から、夫婦の間で何かが変わり始める。時に、縁もゆかりもない、ただの他人同士であった時期の自分たちと結婚後の二人を比較してみることもある。さらに、血のつながったわが子との絆の強さと、夫婦の間の絆の強さを比較してしまうことさえある。

ここに夫婦の危機の芽があると言ってもよいが、それを否定的にのみとらえるべきではない。家族人生周期のなかで、この時期はきわめて重要な位置を占めているからである。なかでも子どもが思春期に達した家族の場合、子どもが揺れ動く思春期の危機に直面するだけでなく、夫婦もそれぞれに中年期の人生課題をかかえることになるからである。さらに夫婦は、人生八十年時代に入って長い老年期を生きる祖父母世代との関係の舵取りもしなければならない。三世代各様の危機や課題がぶつかりあう、家族にとっての嵐を乗り切る覚悟が必要になる。その際に、改めて問われるのが、他人同士であった夫婦の心の絆の強さであろう。それが直面する危機に耐え得るだけの太さと柔軟さと真の強さを備えていなければ、どこかでぷっつり切れてしまうことは必定である。

ところが、日本の平均的な夫婦像を想定した場合、互いの心の絆を確かめ、折にふれてそれを補強するような具体的な努力をどれほど実行しているだろうか。家庭での夫婦の会話時間の短さはよく知られた事実であり、いまだに「以心伝心」を信じて互いの胸の内を明かさず、また確かめようともしない夫婦が多いようである。社会的な手続きとして「結婚」していることが、必ずしも夫婦間の心の絆の存在を保障するものではないにもかかわらず、「幻想の絆」によりかかる夫婦がいかに多いことであろうか。また、その傾向は夫の側に顕著であることを、痛感している。

考えてみれば、多くの動物にとって巣作りは主に子育てのためのものであり、子どもが成長して巣立てば、巣の役割は半ば終ったも同然であり、そこに残った夫婦をつなぐものは「心の絆」以外のなにものでもないはずである。他の動物での真偽は定かではないが、人間の夫婦は子育て後も数十年にわたる夫婦生活を続けることになっている。しかし、元来他人であった二人の男女の間に確かな「心の絆」がなければ、その巣は誰も住むもののいない、本当の「空の巣」になってしまうかもしれない。

三世代家族の時代

戦前の大家族から戦後の核家族へ、そして子育てを終えた中高年の夫婦だけの家族へと、巣としての家庭の住人の数が減るばかりであったのに対し、ごく最近になって家族員の数が増加に転じる家庭も現れ始めた。それは、国民的キャラクターとしてわれわれに馴染み深いマンガのサザエさん一家に象徴されるような家族形態の家庭であり、その種の生活形態を選ぶ若い夫の増加傾向が、サザエさんの夫であるマスオさんの名を取って俗に「マスオさん現象」と呼ばれているようである。つまり、妻であるサザエさんの実家に夫のマスオさんが同居するという、三世代同居の家庭状況が近年増えつつあることをさしている。この現象を引き起こしている要因は、かなり複雑であり、祖父母世代の老年期が長くなったこと、難しい嫁・姑関係を回避するため、夫婦の役割意識が変化したこと、少子化により娘だけしか持たない祖父母世代が増えたこと、土地高騰であるが、二世代合併住宅であれば可能性が出てくるため、子育てをまだ心身ともに余力のある祖父母が援助するため、などの諸点が指摘されている。

簡単に言えば、核家族では得られないさまざまな利点を、この家族形態が持っていると判断されたからであろう。これまで束縛を嫌って家族からの離脱を計った人々が、現代社会の生きにくさを克服するために家族同士の相互援助の意義を再発見しつつあるのだろうか。しかし、妻方であれ、夫方であれ、三世代同居が現実に可能な家族は限られている。そうしたくともできない家族もあれば、ともに同居を望まない家族もあるはずである。したがって、三世代同居が、家族問題の解決策であるとは単純には言えない。いずれにしろ、高齢化社会の到来によって同居・別居の違いを問わず、三世代の家族が悲喜こもごものコミュニケーションを維持し続けるようになることだけは確実であろう。だとすれば、三世代家族内の直接および間接のコミュニケーションをいかに改善していくかという課題が、今後は次第に重要性を帯びてくるものと思われる。

4. 家族は進化するか？

複雑化する家族像

最近の欧米での家族の変貌ぶりは激しく、離婚による母子家庭や父子家庭の増加、同棲と未婚の母の増加、そして結婚をしないで独身を楽しむシングルズの増加が伝えられる（袖井、一九八五）。さらには同性同士の結婚がデンマークで合法化され、アメリカでは女性同士の夫婦が人工妊娠によって子どもを産み育て始めている。また、互いに子どものいる離婚経験者同士の再婚も多く、その結果誕生した、いわゆるブレンディッド・ファミリー（混合家族）の場合には、子どもたちは新たに加わった義理の父・母との関係以外に実の親の前の結婚相手、つまり子どもたちにとってはやはりもう片方の実の親との関係も引きずることになる。場合によっては、双方の祖父母との関係も維持されるだろう。こうなると、実質的な家族関係は相当に複雑なものになることが予測される。子どもがいる夫婦の場合は、それでことが決着するのではなく、その後の子どもたちを核とする錯綜した家族模様の幕開けを意味するものである。

ここに挙げたいずれの家族像も、われわれが描く伝統的な家族像、すなわち両親と子どもで構成される家族のイメージとは程遠いが、アメリカを例に取れば、そのような「家族」が全世帯の八割以上を占め、伝統的な家族は二割に満たない現状だという。われわれの予測を超えて、現代家族は急速にその姿を変えつつある。もちろん、わが国の家族が欧米の家族と同じようになるとは考えられないが、何らかの変化は避けようがなく、また現状以上に複雑化することは、価値観が多様化しているだけに必然的であろう。

したがって、家族の問題に対処するにあたっても、あるひとつの価値基準や理想状態を想定して判断することは、家族の現実からすれば不適切だということになる。ここで多くの人々がジレンマに陥る。つまり、問題をかかえた家族をどの方向に、あるいは如何なる目標に向かわせれば良いかが即断できなくなるからである。だからと言って、座視するわけにもいかない。この解決困難な課題に取り組むのが、われわれ家族療法家の責務である。もちろん、その解答をわれわれが現に持っているという意味ではない。われわれがなし得ることは、さまざまな問題を抱えた家族が、各自の問題に直面することを避けず、持てる力を最大限に発揮してその家族なりの解決策を見つけ出し、自己組織化を計れるように側面から援助するに過ぎない。問題解決の鍵は家族自身が握っていると考えるのである。

家族進化論の試み

高等動物としての人間は、生物進化の最終階段で登場した稀にみる種だと言えよう。つまり、地球上に現存する五〇〇〇万を超すと言われる生物種のなかで、今後のそのふるまいいかんでは、地球環境の運命を左右するほどの影響力を持つに至った、おそるべき存在だということである。言うまでもなく個々の人間の力など大自然の力に比べれば取るに足らないものではあるが、「種」としての人間の力は今や人間自身を含む地球環境全体に及んでいる。その種としてのふるまいに責任を持つためには、微力なりといえども個々の人間のレベルで自らの振る舞いが周囲に与える影響について真摯に点検する必要がある。その際に、要となる最も重要な人間的単位あるいは集団が、「家族」にほかならない。

そして、その家族を取りまとめることからして一筋縄ではいかないことは、すでに見てきた。家族の問題も、一部の専門家の専門的知識だけではとうてい対処しきれるものではない。さまざまな分野の英知を結集する以外に方法はない。そのためには互いにとって異質な発想、異質な取り組み、異質な感覚、異質な価値観に何物かを学ぶ態度が必要ではないだろうか。当初は馴染めないにしても、その違和感とじっくり共存し、共感することによって、新たなアイデアが互いの心中に芽生えてくるのではないだろうか。もし、そのような異分野間のネットワーキングを誕生させることができれば、現代家族がかかえる潜在的な危機を単に回避するだけではなく、人間の未知なる可能性（家族進化）に道を開くこともあながち否定できないように思う。

●引用文献
ホフマン　一九八六　システムと進化──家族療法の基礎理論　亀口憲治訳　朝日出版社
鹿嶋　敬　一九八九　男と女　変わる力学　岩波書店
袖井孝子　一九八五　家族・第三の転換期　亜紀書房
ラブロック　一九八九　ガイアの時代　スワミ・プレム・プラブッダ訳　工作舎
岡堂哲雄　一九八八　家族心理学の課題と方法　岡堂哲雄（編）家族心理学の理論と実際　金子書房
杉溪一言　一九八三　家族臨床心理の課題　家族心理学会（編）家族臨床心理の展望（家族心理学年報一）　金子書房
竹内　均　一九八九　ニュートン別冊　地球クライシス　教育社
山田和夫　一九八五　文化なき家族の病理　大和出版

●参考文献
平木典子　一九八九　カウンセリングの話　朝日新聞社
岡堂哲雄　一九八七　ファミリー・カウンセリング　有斐閣
岡堂哲雄　一九八九　家族関係の発達と危機　同朋舎
佐藤悦子　一九八六　家族内コミュニケーション　勁草書房
鈴木浩二　一九八八　登校拒否　金剛出版

第3章

―現代家族の愛と癒し―

1. はじめに

歌謡曲、小説、映画、演劇などといった広いジャンルで、「愛」の主題は絶えることなく取り上げられてきた。われわれの日常の会話のなかでも、互いの人間関係や心の有様を問題にする時には、愛や愛情という言葉がほとんど無意識的とも言えるほど頻繁に使われる。愛は、古今東西を問わず、決して人々から飽きられることのない主題と言ってよいだろう。

しかし、奇妙なことに、心の学問としての心理学の研究論文や、専門書には愛の主題を真正面にすえたものは、驚くほど少ないのが実状である。公刊された研究業績からすれば、世間一般の人々とは違って、心理学者はまるで愛には関心がないのだと判断されてもやむを得ないだろう。もっとも、これには正当な理由がある。

つまり、心理学という学問が、ほぼ一世紀まえに、哲学の一分野としての思弁的な学問から離れて、科学の仲間入りをした時点で、運命づけられていたのである。本質的に、科学と愛とは馴染まない側面を持っている。科学は普遍性や客観性を成立基盤とするのに対して、愛は個別性や主観性にこそ、その成立の基盤を置くからである。

ただし、心理学のなかでも近年目覚ましい発展を遂げつつある臨床心理学は、愛の主題と無縁ではなかった。臨床心理学は、もともと事例研究による個別性の尊重抜きには成り立たない学問分野であり、個々のクライエントから持ち出される愛の主題から目をそらすわけにはいかなかったからである。

にもかかわらず、臨床心理学においてさえ、「愛は人間に必要不可欠であり、十分にあるべきもの」という大前提に寄り掛かるばかりで、「愛」そのものを追究する取り組みが、これまで本格的になされてきたとは言いがたい。むしろ、心理臨床の実践では、愛の欠如や歪みといった病理的側面に接近して、その診断や分析的理解を熱心に推進してきたと言えるのではないだろうか。

一方、心理臨床の先進国である欧米では最近は多くの人々が、心の癒し（治療とは異質な側面を持つ）を求めてヒーラーを訪れつつある。ここに、私は現代人の心理臨床に対する新たな期待を感じるのである。私見では、家族や友人のような身近な人間関係のなかで、愛による癒しをいかに実現するかということではないだろうか。人々は、専門家によってただ受動的に治療されることよりも、自己治癒のための手掛かりを心理臨床家に求めているように思うからである。

2. 愛するということ

名著『愛するということ』のなかで、精神分析家フロム（Fromm, E.）は、「愛とは、愛する者の生命と成長を積極的に気にかけること」と定義している（フロム、一九九一）。そして、この本のなかで、彼は愛の能動的側面について、繰り返し強調している。同じく、臨床心理学者のメイ（May, R.）も、愛における意志の役割を重視し、両者を結びつける要として「配慮」が不可欠であると指摘している（メイ、一九七二）。

いずれも、愛が本能的衝動や受動的な感情とは異なるものであるとする点では共通している。フロムの主張する愛の理論に、さらに耳を傾けてみることにしよう。

愛は能動的な活動であり、受動的な感情ではない。そのなかに「落ちる」ものではなく、「みずから踏み込む」ものである。愛の能動的な性格を、わかりやすい言い方で表現すれば、愛は何よりも与えることであり、もらうことではない、と言うことができよう。（邦訳四二—四三頁）。

このように、フロムは愛を論じるにあたって、愛されることよりも、愛することに重きを置き、愛の真実はその能動性にあると力説している。しかし、「与えるばかりでは報われないではないか」というのが、われわれ凡人の率直な反応ではないだろうか。この疑念にフロムは、次のように応えている。

（中略）このように自分の生命を与えることによって、人は他人を豊かにし、自分自身の生命感を高めることによって、他人の生命感を高める。もらうために与えるのではない。与えること自体が、このうえない喜びなのだ。だが、与えることによって、かならず他人のなかに何かが生れ、その生れたものは自分にはね返ってくる。ほんとうの意味で与えれば、かならず何かを受け取ることになるのだ。与えるということは、他人をも与える者にするということであり、たがいに相手のなかに芽ばえさせたものから得る喜びを分かちあうのである。与えるという行為のなかで何かが生れ、与えた方も与えられた者も、たがいのために生れた生命に感謝するのだ。とくに愛に限っていえば、こういうことになる――愛とは愛を生む力であり、愛せないということは愛を生むことができないということである（前掲書、四六頁）。

このフロムの卓越した洞察を知ることによって、われわれは愛のダイナミズムに一歩近づくことができた。つまり、愛は、愛するものから愛されるものへの一方通行的なものではなく、両者の相互作用によって生み出される創造的な心理過程として理解すべきなのである。

それにしても、フロムの主張する愛の定義は何とも高尚すぎて、とてもわれわれの間尺には合いそうにもない。やはり、筆者など、真の愛には縁遠い存在なのかとも思えてしまう。なぜなら、別の箇所で、フロムは、現代人の愛や結婚が、実は「二倍になった利己主義」によって支えられていると論破しているからである。まことに鋭い指摘であり、われわれの愛の現状はそのとおりかもしれない。

しかし、フロムの愛の理論に圧倒されつつも、筆者には同時に別の視点が浮かんできた。それは、われわれ日本人の精神構造を根底から理解するうえで、数々の貴重な示唆を与えた土居の「甘え理論」である。

やはり、名著の誉れが高い『「甘え」の構造』（一九七一）のなかで、彼は、「甘え」が受け身的愛であることに注目することから、「甘え理論」の着想が始まったとしている（一四頁）。

つまり、われわれ日本人にとっての愛の定義は、欧米人たるフロムの下す愛の定義とは、いささか異なって当然なのかもしれないのである。特に、土居がアメリカの精神科医の面接を観察した経験から、彼らが患者の最も深いところにある受け身的愛情希求に鈍感であることを指摘したくだりは、筆者自身にも同様の観察経験があるだけに、共感を覚えた。

そこで、本論では愛を定義するにあたって、フロムの強調した能動的側面は欠くことができないにしても、受動的側面も決して軽視すべきものではなく、ともに愛するものと愛されるものとの相互作用を促進する重要な要素だと考える立場をとる。

3. 愛のなりたち

冒頭で、愛についての心理学的研究は乏しいと断じてしまったが、実は人間ではないにしても、われわれに最も近い動物であるサルを対象にした愛の心理学的研究は存在する。それは、実験心理学者のハーロウ（Harlow, H.）により二十年以上にわたって組織的に行われた研究であり、心理学の広い分野に大きな影響を与えたことでよく知られている。彼の実証的研究は、愛のなりたちを理解するうえでは示唆に富む内容を持っているので、その著書『愛のなりたち』（一九七八）から次の一節を引用しておくことにしよう。

サルの母親が行なう第一の機能は、子どもに対して、密接な身体接触を与えるということである。この身体接触が、子どものがわに愛情を芽ばえさせる基本的なメカニズムとなる。ほとんどの母ザルは、赤ん坊を最初に見たそのときから、愛情を示し、積極的にみずから赤ん坊に近づいて、あやす。生後一ヵ月間、母親は赤ん坊ザルを腹にぴったりと抱いたり、あるいはもう少し身体を離してゆるやかに抱き、子ザルを腕と脚のあいだでゆったりかかえるようにしたりする。この姿勢は、母と子の身体接触を最大限にするものである。このように身体を密着させておくことが、母にとっても子にとっても安らぎとなるようにみえる。この観察から接触慰撫という考え方がでてくる。母ザルは、子ザルに接触慰撫を与えると同時に、子ザルからそれを受け取る。接触は、母親のがわに母性愛をかきたてる重要なメカニズムでもある（邦訳、二一一―二一二頁）。

ハーロウはさらに進んで、母親とのふれあいを経験しないで大きくなった子どもはどうなるだろうかということに興味を持ち、母親失格のサルを五匹選んで、その生れまで元をたどってみた。

この五匹のサルのうちの三匹は、子どもを床に押しつけてかみつくなど非常に攻撃的であり、あとの二匹は子どもを放り出してまったくめんどうを見ないサルであった。その背景を調べてみると、攻撃的な三匹は、生れた時に人間が取りあげて、母親との接触がまったくなかったサルであり、あとの二匹は、母親とわずかの接触はあったものの、幼年期に同年齢のほかの子ザルと接触する機会がまったくなかったことが分かった。

こうして、彼はさらに進んで、母親との接触はもちろん、同年齢の子どもとの接触も、愛のなりたちに不可欠だと確信し、自分の直観を実験的にも確証したのである。

動物園の園長であり動物学者でもある中川は、このハーロウの研究成果を実際に裏付ける観察経験を重ねた結果、愛のなりたちに接触経験を中心とした成育環境が大きく影響することを痛感したと報告している。現在、彼に限らず多くの動物学者が、人間の愛のなりたちを理解するうえで、動物の子育てについての観察報告が有益な示唆を与えると主張している（中川、一九九〇）。

愛のなりたちについての、ハーロウの着眼点のユニークさは、愛を情動の〈システム〉としてとらえ、このシステムを母の愛、子の愛、仲間の愛、異性愛、父性愛に分けて、それらのシステムの間の発達的な連関構造を明らかにしようとしたことにある。特に、母の愛情行動と子の愛情行動とが相補的に関係しあうと説いている点、また、子の愛から仲間の愛へ、そして異性愛へ、さらには親の愛へと、一連の愛情発達の流れのなかで初めて、それぞれの愛情システムが開花するのだと主張し、各システムがそれぞれ前段階のシステムに依存しているとしている点、なかでも異性愛の発達に仲間同士の関係の発達が重要だとしている点などは注目に値する。

4. 愛の幻想

愛のなりたちを支える要因を詳しく見ていくと、それが欠けた場合に愛に何が起こるかが知りたくなるものである。いわば、愛の病理とでも言える問題に、精神医学者はどのような見解を持っているのだろうか。

福島は、著書『愛の幻想』(一九七八)のなかで、「幻想」という言葉をキーワードとして、愛の病理について含蓄のある論述を展開している。福島によれば、人間の愛はもともと幻想に出発するが、正常で健康な人々では、幻想と現実との間の相互的な検証と統合が起こるのに対して、不幸な人々では、その幻想と現実とのずれがずれのまま修正されることなく平行線をたどる。そして、その果てに愛や人間関係の破綻が起こるのだという。

たとえば恋愛や結婚生活において、お母さん子だった男性は、恋人のうえに母親のイメージを投影して、どこかで二人を混同しているかもしれないし、母親に対するように恋人に甘えたいと思うかもしれない。そして、母親とは違う面を見出して幻滅を感じるかもしれないのである。

しかし、そもそもこういう幻想の投影や錯覚がなければ、二人の愛は始まらなかったかもしれない。それが真の愛になるか否かは、二人が互いの幻想を「幻想」として自覚し、その幻想を脱ぎ捨ててありのままの人間として再会できるか否かにかかっている。

では、幻想と現実とはどのようにして区別できるのだろうか。乳幼児には、それが可能だろうか。発達とともに区別できるようになるとすれば、いつ完成するのだろうか。実は、この問いは相当に複雑な内容を持っており、とうてい、この小論で扱えるようなものではない。とりわけ、幻想に〈イメージ〉も含むとなると、事態はさらに錯綜してくる。なぜなら、正常者においても現実を把握するうえで、イメージの力をまったく借りずにすませることはできないからである。幻想(イメージ)と現実認識とは、一般に予想される以上に密接にからみあった関係にあることを理解しておく必要がある。

福島も指摘しているように、愛は個人の頭のなかだけで進行する心理現象ではない。相互的・間主体的な関係であり、幻想と現実とが織りなす綾模様でもある。愛は、幻想が現実のさまざまな刺激によって、他者によって修正され、陰影に富むものへと発展することによって育まれる。しかし、その過程は決して平坦なものではなく、時に袋小路に入り込んだり、幻想と現実とが遊離してしまったりすることも少なくない。

私が実践する家族療法でも、互いの幻想や現実認識がずれてしまった夫婦や家族に出会うことがしばしばである。特に、愛しあって一緒になったはずの夫婦の幻想が崩れる時には、さまざまな危機が訪れる。

そのような夫婦を相手に面接を続けていると、たとえば二〇年以上の結婚歴がありながら、互いが結婚に対して抱いていた幻想の内容を実は知らないままであったような事例にも出くわすことがある。夫婦が現実生活の当面の問題処理に追われているうちに、互いの内面で目に見えず、また意識化も困難ながら存在し続けている幻想が、ある日、思わぬかたちで姿を現し、カタストロフィー状態に陥る。

家族療法家は、夫婦のいずれかに心理的な問題が表面化しているようであっても、夫婦もしくは家族の愛情システムの危機ととらえて、心理的な援助を行おうとする。その意味では、家族療法家は家族の「愛の幻想システム」に臨床的接近を計らねばならないとも言えよう。

5. 愛はなぜ終わるのか

親子の愛にしろ、あるいは夫婦愛にしろ、多くの心理臨床家が愛のもろさと真の愛に至る道のりの遠さを実感してきたに違いない。また、専門家ならずとも、昨今の離婚の多さを考えれば、すでに男女の愛の永続性を信じること自体が幻想になりつつあるのかもしれない。愛はなぜ終わるのだろうか。

人類学者のフィッシャーは、この問いに応えるために、近著『愛はなぜ終るのか』（一九九三）において、人類史の長い経過と、地球上に点在する多様な社会形態を展望したうえで、離婚や不倫といった「愛の終り」を象徴する事象の本質を探究した。その結果、フィッシャーはきわめて印象深いデータに出くわした。彼女は国連統計局が十年おきに集めたデータのなかから、世界六二の国、地域、民族グループにおける一九四七年以降の離婚のピークを調べてみると、さまざまな社会で、多くの人が結婚二年目から四年目に離婚しており、ピークが四年目であることに気づいた。つまり、彼女の調査によれば、結婚の伝統の違いにもかかわらず、離婚に対するさまざまな見方にもかかわらず、別れの手続きの相違にもかかわらず、また離婚率が高いか低いかにもかかわらず、世界の人々の離婚のピークはだいたい四年目だというのである。

この現実からすれば、「死が二人を分かつまで」というモットーを前提とした永続的な結婚は、幻想に過ぎないのかもしれない。性に関する二重基準が生れ、男の浮気は相手が人妻でなければ許され、一方妻は夫に従い、仕えて、子孫を残すべきもの、貞節であるべきものという規範ができたのは、農耕社会だとフィッシャーは言う。

特に、鋤を使う農耕社会では、男性が生産手段を独占し、女性は経済力を失った。男が狩りをして、女が木の実や野草を採集していた原始時代には、男と女はもっと対等であった。憎みあいながら、経済力がないために別れられない妻も、土地に縛られているためにがまんする夫も、いわば農耕社会の産物だった。ところが、女性の経済的自立が可能になった現代は、むしろ狩猟・採集時代に逆戻りし、男女関係も原始の時代に先祖帰りしている。今後も働く女性の数が増え、子どもの数が減り、離婚と再婚が増加するだろうと彼女は見ている。

つまり、愛に終りがあることは否定し難い現実であるとともに、それでもなおかつ人は新たな愛の幻想を追い求めるものであり、そこに男女の差はないのである。離婚や不倫の増加は、現代における愛の崩壊現象とも受け取られがちであるが、何百万年という人類史の長い時間のスケールから見れば、むしろ自然な愛の形に近いのかもしれない。ただし、「永遠の愛」に価値を置こうとするわれわれの性向が容易に消え去るとも思えないのだが。

6. ストレスと心の傷

ストレスの研究で多用され、一般にもよく知られた〈社会的再適応評価尺度〉というストレス尺度がある。それによれば、われわれが人生で経験する最もストレス度の高い出来事は、「配偶者の死」ということになっている。ついで離婚、配偶者との離別もきわめてストレス度の高い事件とされている。

ストレス尺度の上位三項目が、いずれも配偶者間の別離にかかわるものであることは興味深い。共にあった夫婦の別れは、それが死によるものであれ、愛の終結によるものであれ、ストレス因となり、心の傷となるのである。この心の傷は、人にどのような影響を与えるのだろうか。

イギリスでの調査によれば、未亡人の情緒不安定の度合いは、夫の死後一年の間に徐々に低下していっている。死んだ夫のことばかり思うことも低下していくが、かえって月日がたつにつれ、死んだ夫について視覚的にはっきり思い出せる人の数の方が一ヶ月目より一年たつと増加している。また、不眠症にかかった人数と鎮静剤を飲む人の数は低下していく。しかし、自分の健康感を面接時に自己評定してもらった感じと、実際に開業医のところに受診した回数とは一致していない。健康感と一致するのは、面接者が未亡人の行動を見てイライラしているか、または怒っていると評定した程度とであった。イライラや怒っているという状態は、特定の症状や開業医の受診回数と関係なく、主観的な健康感と関連あることが分かった（山本、一九八二）。

日本では、小此木（一九七九）が夫を交通事故で失った未亡人に面接調査を行っている。それによると、イギリスの未亡人の場合のほうが、ずっと死別の衝撃が大きく、その取り乱し方も激しい。日本の未亡人の方が、比較的落着いて受けとめる態度を示し、少なくとも人前では、取り乱すまいとする努力が特徴的であったという。小此木は次の三点の文化的な違いを指摘している。

第一は、英国夫人は頼れるのは夫しかいない。それだけに、激しい別離の反応を通過することにより、昔の夫婦関係を早く清算し、新しい夫を見つける必要もある。

第二に小此木は、夫婦の結び付きの強度の違いを挙げている。日本では夫以上に子どもとの強い結び付きや、親類を含めたさまざまな他人との親密な関係を持っている。夫の死は、すべての人間との親密さを喪失することを意味しない。

第三に、死生観の違いがあり、日本人は英米人にくらべ、自分と対象との分離について、それほど厳しく鋭い分離意識を持つことがないようである。これは、九〇パーセントの日本の未亡人が死んだ夫がまだ居るような感じを持っているのに比べ、英国未亡人は五〇パーセントしかいないことに、はっきり表れている。

この結果からすれば、欧米における夫婦愛の比重の重さが、逆に配偶者の死がもたらすストレスの大きさや心に与える傷の深さを生む背景要因になっていると考えると、日本の夫婦の淡い愛情関係もあながち捨てたものではないということになるのだろうか。

7. 癒しの手立て

愛の破綻や親しい人物との別離、あるいはストレスがもたらす心の傷に対応するにあたって、「癒し」という視点から問題を整理してみたい。「癒」という漢字は、もともと「心のしこりがとれる」といった意味を持っていたという。「愈」は、「舟」という意味と「刃物でくりぬく」という意味を組み合わせた文字で、転じて「気を運ぶこと」「心を交流させること」を意味する。木をくりぬいて作った舟は運ぶためにも、ドラムのように叩いて通信するためにも使われたからである。それに「心」がつくと、心のしこりがとれて、病が身体からくりぬいたように抜けていくことを意味するようになったという。

上野（一九九一）は、三七名の現代のヒーラーたちのヒーリング理論、つまり、癒しの理論をまとめた訳書に添えた一文のなかで、その骨子を次のように論評している。

著者たちが選んだ「治癒の黄金の糸」、つまり本書を貫くキーワードは「愛」「聖性」「全体性」「女性性」「地球の癒し」などでした。それぞれがヒーリングという自動的な現象に必然的に伴うキーワードである以上、立場や職業が異なっていても語る言葉が似通っているのは当然といえば当然なのですが、それにしてもハーヴァード大学医学校卒の医師とシャーマニズムの伝統に生きる呪医が語るトーンやボキャブラリーの、なんと似通い、響き合っていることでしょう。

加えて、彼は「傷を負ったヒーラー」という概念の重要性も指摘している。つまり、心の傷の癒し手であるヒーラーは、自身が深く傷つき、癒しの必要性を体験的に味わったことのある人間なのである。心の癒しが他人ごとではなく、援助者たる自分自身の問題でもあることを体験した人間のなかから、ヒーラーは登場する。

したがって、癒しの手立ては個々のヒーラーによって、独自に考案され、洗練されたものが多い。すでに確立された心理療法各派の技法も元をただせば、ヒーラーであった各学派の創始者のきわめて個人的な治療体験がベースになっている。つまり、現在確立され、一般に流布されている癒しの技法以外にも、まだ多くの無名のヒーラーによる癒しの手立てが存在するに違いないのである。

もちろん、そのなかには紛い物も混じっているに違いないが、新しい心理臨床の可能性を秘めた発想や技法の芽までつぶすべきではない。変化の激しい現代にあっては、心の癒しを必要とする人々のニーズもさまざまに変化し、従来の心理臨床のアプローチでは十分に対応しきれない状況も生み出されているからである。

8. 愛と癒しの円環構造

愛は時に憎しみへと変わるものであり、永遠に続くと見えた愛にさえ終りがある。惜しみなく与えたつもりの愛が、相手には過剰な干渉としか受け取られていないことさえある。愛には、不条理なところが多々ある。愛にこだわるからこそ、相手を傷つけ、また傷つけられるのかもしれない。だとすれば、愛になどかまわず生きていくほうが賢明ではないか。傷つかない生き方を選択するのであれば、当然そう考えるだろう。

しかし、われわれ人間の心を、傷がつかないことが売り物のテフロン加工の製品のように、あらゆる衝撃やストレスをはねかえして維持できるものだろうか。どれほど自我が強固な人物であっても、大方の予測を超えたスピードで進行する社会変動や自然環境の破壊がもたらす、直接・間接のストレス因に一人で耐え、誰にも支えられることなく生きることなどできようはずはない。

その人物が自覚しようとしまいと、必ず誰かの、そして何かの「お蔭」を被っている。現代人たるわれわれは、無数の人間関係システムのネットワークのなかに生きているのであり、「孤立」することは許されていない。自己の生を肯定する限り、それを支える周囲の人々に感謝せざるを得ない。その気づきが、「愛」ではないだろうか。ただし、他者への愛の自覚と、相手方から当方に向けての愛の自覚とがぴたりと一致すること、つまり相思相愛の状態はなかなかに達成し難いものである。むしろ、すれちがうことのほうが常態かもしれない。

われわれ人間が愛から逃れ難い運命にあるとすれば、心に傷を負うことも、また必然であろう。同時に、その心の傷を癒す手立てを探し求めて、われわれがさまよいつづけるのも不思議ではない。その旅の土産が、「愛」であることも珍しいことではない。愛に傷つき、その傷を癒す旅の途上で愛を再発見する。

愛と癒しは、われわれの心のなかで円環的連鎖をなす構造を作りあげている。そして、両者の間に介在する環が、心の傷ではないだろうか。深く傷ついたままの心は機能できない。その傷を膜状に覆い、やさしく包んで痛みを和らげる薬剤のような作用を愛が与えてくれる。しかし、薬（愛）が強すぎれば、逆効果となり、傷を広げかねない。さじ加減の難しさと言えるだろう。

いずれにしろ、愛と癒しの円環的連鎖によって、心の傷の修復は反復的に繰り返されていく。その痕跡は、心の襞となって、その人物の精神内界を起伏や陰影に富むものへと成長させることもあれば、さまざまな歪みや偏りを作り出してしまうこともあろう。後者の場合には、心理臨床家が各種の癒しの手立てによって心のしこりをほぐすための心理的援助を提供することができる。

●引用文献
土居健郎　一九七一「甘え」の構造　弘文堂
フィッシャー　一九九三　愛はなぜ終わるのか　吉田利子訳　草思社
フロム　一九九一　愛するということ　鈴木晶訳　紀伊国屋書店
福島　章　一九七八　愛の幻想　中央公論社
ハーロウ　一九七八　愛のなりたち　浜田寿美男訳　ミネルヴァ書房
メイ　一九七二　愛と意志　小野泰博訳　誠信書房
中川志郎　一九九〇　なぜ動物は子どもをなめるのか　主婦の友社
小此木啓吾　一九七九　対象喪失、悲しむということ　中央公論社
上野圭一　一九九一　癒しのメッセージ　春秋社
山本和郎　一九八二　コミュニティ心理学の実際　新曜社

●参考文献
岡堂哲雄　一九九一　家族心理学講義　金子書房
亀口憲治　一九九二　家族システムの心理学　北大路書房
キャッセル　一九九一　癒し人のわざ　土居健郎・大橋秀夫訳　新曜社
スタウファー　一九九〇　無条件の愛とゆるし　国谷誠朗他訳　誠信書房

第Ⅱ部
家族力の深層構造

小集団としての家族の始まりを考える時に、結婚式と子どもの誕生は、いずれも非日常的な出来事である。当事者である新郎・新婦にとっても、また親子にとっても少なからず「普通ではない心理状態」に置かれる。まさしく記念すべき瞬間ではあるものの、その後に続く平凡な日常の家族の生活実感とはかけ離れている。通常の家族は、目の前の出来事に追われており、自らの心情や心理状態をことさらに振り返ることはしないものである。半自動的というか、あるいはほとんど意識することもなく、家族の日常は過ぎていく。

しかし、子どもが思春期ともなると、その日常の安定したリズムが壊れ、親子や夫婦の関係に変化が生じてくる。予想もしなかったような非日常的な出来事が発生することもある。不登校、いじめ、あるいは万引き等の非行などの子どもの問題が、突然に親につきつけられることも珍しいことではない。

第Ⅱ部では、順調に育まれた家族力が、時に思わぬ破綻を見せる時期として、思春期を迎えた子どもの家族が直面する心理的問題の深層構造を考えてみたい。通常に考えられている以上に、「普通の家族」であっても、その深層にまで立ち入ってみていくと、きわめて複雑な心理過程が相互に入り組んだ構造になっており、決して「単純」ではなく、多くの闇に包まれていることに気づかれることだろう。児童虐待はその端的な例である。この問題の複雑な背景を知ることによって、家族力を構成する深層構造をより正確に理解することが可能となるだろう。

第4章

児童虐待と家族心理

1. 児童虐待の家族心理学的研究

児童虐待の定義

児童虐待の定義は、研究者によってさまざまに異なっている。身体的な児童虐待を定義する際にも、広義にするか狭義にとどめるか、親の意志を考慮するか否か、また文化的な背景を考慮するか否かなどについての論議が残されたままとなっている。最近の研究では、これらの論点を迂回して、〈報告された〉、あるいは〈確認された〉といった注釈を用いる方法が使われている。これは確かに研究者にとって実用的ではあるが、報告や確認の基準が特定されないために、定義がさらに曖昧になる恐れがあるとの批判を受けている（亀口、一九九七）。

そこで、研究者にとって有益と思われるのは、定義を標準化することである。身体的な虐待であれば、重度、中度、軽度の分類をし、親の意図を斟酌するのではなく、その行動を特定し、そして子どもに及ぼす影響の範囲についてはカテゴリー毎に記載が必要とされる。研究者は、各グループを個別に調べると同時に、さまざまな要因についてグループの比較を行う。研究者によっては、虐待の定義に文化的背景を考慮すべきだと主張する者もいる。しかし、定義からは文化的背景を除き、この要因を独立変数として組織的に調べるほうがより適切だろう。

ここでは「親または親に代わる養育者によって、子どもに加えられた行為で、子どもの心身を傷つけ、成長や発達をそこなうこと」と定義する。その特徴としては、①偶然に起こったものではなく、むしろ故意に行われた場合が多い、②長期間にわたって繰り返され、あるいは長く継続する、③通常のしつけの程度を越える、などが指摘されている。

児童虐待の種類

家庭内で起こる虐待の種類は、主に次の四つのタイプに分けられている。

①身体的虐待
②養育の拒否・怠慢
③性的虐待
④心理的虐待

このなかで多いのは、身体的虐待と拒否・怠慢で、報告例の八〇パーセントを占めている。性的虐待は、欧米でもごく最近まで報告数が少なかったものの、現在ではかなり増加している。また、心理的虐待については、「言葉による虐待」と呼んだほうが分かりやすいとの指摘もある。

虐待する親の特徴

児童虐待についてのさまざまな理論的背景のなかでも最も歴史が古く、そして顕著なものは、精神医学的モデルであった。この観点によれば、虐待する親が常に問題の中心にあり、他のすべての変数は、虐待する親の精神医学的ないし性格的な問題に比べれば、二の次とされる。この観点からは、次の六つの問いが発せられることになる。①虐待する親は、何らかの伝統的な精神医学的分類によく当てはまるのだろうか？　②虐待する親の特定の性格傾向は、虐待をしない親のそれとは区別できるのだろうか？　③親の年齢は、児童虐待の要因になるだろうか？　④虐待する親は、被虐待児を歪めて見ているのだろうか？　⑤虐待する親は、被虐待児に対して非現実的な高い期待を抱いているのだろうか？　⑥一定の親の特徴が、児童虐待を説明するために必要なのだろうか？

精神病理と性格傾向

全く意外なことには、虐待する親のなかで、精神病的な者は、きわめて少数だとされている。虐待する親は、全体的にはいかなる特定の診断分類にも適合しないが、表面化した精神病理の類型にはかなりのばらつきが認められるとされている。少数のよく統制された研究によれば、虐待する親の特徴として、共感性の低さや自尊感情の低さが示唆されている。しかし、ショーキーは、虐待者は、他者の評価とは切り離して個人的な価値観について対照群と比べると差がなかったものの、他者の彼らに対する評価を基準に個人的な価値観を比較すると明らかに低い得点を示した（Shorkey, 1980）。共感能力の乏しさが、児童虐待の有力な変数であるとするならば、共感性の発達次第で他者への攻撃性を抑制できるかもしれない。

親の年齢

親が若すぎることが児童虐待に関係するのではないかという考えもあるが、一方で両者に関連はないとする見解も出されている。このような不一致の原因は、研究方法の不適切さにあるようで、「若い」ということの定義が、研究によって異なっているために、異なる結論が導き出されたと考えられる。比較対照群を用いた、より適切な研究によれば、十代の母親が児童虐待をしがちであるとは言えず、児童虐待と親の若さとの関連は、むしろ貧困や混乱した家族状況といった共通の要因に帰せられるべきかもしれない。

被虐待児への歪んだ認知

虐待する親は被虐待児に対する認知に歪みがあるのではないかと考えられてきたが、最近はこの問題に関して原因帰属の観点からの研究が進んでいる。それによれば、虐待する母親は、子どもの否定的な行動については内在的で安定した傾向を反映したものだと見るのに対し、肯定的な行動については外在的でかつ不安定なものだと見ている。対照群の母親はその逆のパターンを示した。

虐待する親は、子どもの見方の歪みや子どもの行動の原因がどこに帰属するかについて普通ではない捉え方をしているかもしれない。しかし、そのような歪みは児童虐待にのみ見られるものではない。むしろ、それは虐待にまつわる相互作用の結果かもしれないのである。攻撃的な行動の後では、攻撃者は犠牲者に対する認知を変更することが多く、それによって自らの行動を正当化する節がある。すでに確認されているそのような歪みの一例を挙げれば、犠牲者の否定的な特徴自体に原因を押し付けてしまうことである。

被虐待児への不適切な期待

虐待する親は、子どもに対して不適切で非現実的な高すぎる期待を持っているのではないかとの推測がなされてきた。しかし、最近の研究では、このような期待感についての結論は支持されていない。従来の研究で扱われた「親の期待」という要因が、操作的に定義されていないうえに、方法論的にも問題があったとの指摘がなされている。トゥエンティーマンらは、質問紙を用いた研究で、虐待する親は普通の子どもと比べて自分の子どもにあまり期待を持っていないことを明らかにした（Twentyman & Plotkin, 1982）。虐待する親は、高すぎるかもしくは低すぎる期待を持つなど、子どもの発達についての知識が不足しているようだ。

2. 児童虐待における世代連鎖

虐待する親の子ども時代の経験

虐待する親は被虐待児であったとする見方は、広く行き渡っているものの、実際のデータはそれほど明確ではない。その事実の有無は、親自身の記憶に頼るところが大きいために、どうしても曖昧にならざるを得ないのである。二〇人の虐待する親と同数の比較対照群に対して、子ども時代にひどい体罰を受けたことがあるか否かを質問したところ、虐待する親の群のほうに、より多くそのような体験者がいた。しかし、五〇パーセント以上の虐待する親は、この種の報告をしなかった。したがって、子ども時代の被虐待体験は、かならずしも親としての虐待の必要条件ではない。

しかし、被虐待児が虐待する親になる危険性を多く持っていることは否めない。学習は、攻撃的な行動の発達に重要な役割を演じている。攻撃的な被虐待児は、彼らの親がモデルとなって示した攻撃的な行動を模倣し、後に親の攻撃的な養育方法を模倣するようになるのかもしれない。最近の研究のなかには、多世代仮説をより直接的に調べたものがある。ハンターらは、二五五組の母子（乳児期に集中治療室で治療を受けた経験のある子どもとその母親）について調べた結果、四パーセントの乳児が一年以内に虐待され、あるいは放任されていたことを見出した（Hunter *et al.*, 1978）。これらの乳児の母親は、子ども時代に虐待や放任された経験を有していた。しかし、このような経験を持つ多くの親が、子どもを虐待していない事実にも目を向けねばならない。

一一四六人の親を対象としたアメリカでの全国調査で、しつけの方法や親自身が子ども時代に受けた体罰の経験などについて質問がなされた。虐待の定義は、蹴る、噛む、殴るなどのひどい暴力とした。子ども時代に暴力の犠牲者であったことは、親になった時に同じような暴力的な養育方法を用いる可能性を高めるものの、むしろ夫婦喧嘩などの暴力場面を観察した経験のほうが、後に暴力的な子育てをする可能性を高めることが判明した。調査全体から得られた結果として、子ども時代に両親間の暴力を目撃した子どもたちは、後に暴力的な子育てをするようになる率がずっと高いことが示された。

バーガーは、多世代仮説を直接課題とする研究を行っている（Berger, 1985）。その結果、虐待を受けた子どもよりも、その兄弟のほうが後に虐待をする親になる可能性が高いことが示唆された。この仮説は、観察学習理論と一致するものである。ゲレスも、子ども時代に親からの暴力の犠牲者であったことよりも、両親間の争いを観察した経験のほうが、後年の暴力的な子育てにより密接な関連を持つと主張している（Gelles, 1980）。これを解釈すれば、犠牲者として直接に痛みを経験していないことが、後年になっての模倣を促進させるのかもしれない。あるいは逆に、痛みや恐怖の経験が、実際に親となった時点での模倣を抑制する事例もあるのかもしれない。

これまで見てきたように、多世代仮説は、かなりの程度に支持されているものの、それほど単純なモデルではない。子ども時代に家族内での暴力を直接体験することも、またただ観察していただけのいずれでも親となった時に暴力的な子育てをする可能性は高まる。しかし、一定程度の被虐待児は、虐待をしない親となるし、また虐待がなかった家庭で育った子どもが虐待をする親となる場合もある。成人してからの、ストレスや貧困などといった状況要因の有無や、ある種の家族ないし性格の変数の組み合わせ、そして他の養育者の生育史といったことが、個人の生育史とからみあいながら、児童虐待の可能性を増減させ、ある多世代パターンを形成するのかもしれない。

3. 児童虐待と家族関係の心理的特徴

虐待前の特徴

これまで、未熟さや低体重が、児童虐待と関連するという指摘がなされてきた。しかし、レーベンソールは、この問題を扱った一八件の研究を調べた結果、二つの研究のみが方法論的に適切であることを見出した（Leventhal, 1976）。しかも、その結果は、両者の関連性を否定していた。しかし、乳児の未熟さによって母子相互作用に何らかの悪影響が生じるとする研究結果も提出されているだけに、この問題の最終結論はまだ出されていないと見るべきだろう。

原因不明の特徴

被虐待児の間では、これまで精神遅滞や身体障害、そして発達障害が高頻度に認められてきた。これらの特徴が、虐待の原因であるのか、それとも結果なのかを決定することは、容易ではない。虐待は、親子間のより一般的な相互作用の一側面に過ぎないために、行動上の異常があったとしても、それをすぐさま虐待につながる要因や結果であると即断することはできない。被虐待児と対照群を比較した研究では、被虐待児は大人の示した親しげな働きかけにあまり反応しなかった。マーチンは、被虐待児には二つのタイプがあるのではないかと示唆している（Martin, 1972）。つまり、無感動で反応の少ない子と攻撃的な子の二通りである。彼は、前者のタイプが多いと仮定したが、後者のタイプの特徴を指摘する研究も多い。

繰り返し虐待を受けてきた子どもは、深刻な情緒障害に陥る危険性を持っていると言われている。安定した他者との関係を結ぶことができなかった彼らは、自己を信頼することができず、思い通りにならない場面や否定的場面に直面するとすぐにパニック状態に陥る傾向が強い。対人関係の中で傷つき、裏切られてきたために、他者との関係に心の安らぎを求めることを放棄して、「モノの世界」に執着してしまうことも少なくない。さらに、このような傾向は外界への興味や関心の持ち方を歪め、結果として深刻な学力低下や発達障害を引き起こすこともある。

虐待家族での親子相互作用

最近の研究で、虐待する母親とその子どもとの二者間相互作用を調べたものがある。ハイマンは、そのような母子は、対照群とくらべて互いのやり取りが少ないことを見出した（Hyman, 1977）。ブーシャとトゥエンティーマンは、母子相互作用を比較した結果、虐待する母親は子どもに対して言語的および身体的な攻撃を、比較対照群よりも有意に多く向けることを観察した（Bousha & Twentyman, 1982）。放任する母親は、虐待する母親よりも子どもとの相互作用が少ないが、虐待する母親は対照群の母親よりも子どもとのかかわりは少ない。被虐待児は、他児よりも母親に対して言葉による攻撃が多く、放任された子どもは他児よりも母親に対する身体面での攻撃が顕著であった。

バージェスとコンガーは、虐待、放任および対照群の家族を比較して、二者関係のみならず家族内での全般的な相互作用を調べた（Burgess & Conger, 1977）。その結果、虐待する家族にあっては、家族成員すべての間で脅しや拒否的な行動が目立ち、相互的な行動は少なかった。虐待家族の母親は、他の家族成員に対して自発的に働きかけることがなく、子どもとかかわる際には否定的なふるまいが多かった。虐待家族の父親は、子どもに対しては母親よりもやや多めの接触をしており、対照群とは逆のパターンを示していた。虐待家族の個人は、互いに身体的にふれあうことが少ない。虐待家族の子どもは、家族に対して否定的かつ威圧的にふるまう傾向が顕著であった。放任家族においても同様の傾向が確かめられた。

実験室でのアナログ的研究では、一定の子どもの行動が大人の処罰的な反応を引き起こすことが確かめられている。たとえば、母親が子どもに邪魔された回数が多いと、学習課題での子どもの失敗に対する罰がひどくなることが示唆されている。子どもがいつまでも学習できない場合には、大人は次第に身体的な反応をするようになる。

これまで見てきたように、子どもの側の要因によって虐待が促進される可能性があることが実証されつつある。さらに、虐待は孤立した出来事ではなく、家族内で進行中の相互作用の一定のタイプのパターンを背景として生じるのかもしれないのである。

虐待家族での子育てのパターン

多くの虐待事件は、親によるしつけのかたちを取って発生することが知られている。虐待する親は、子どもを扱うスキルが欠けており、虐待家族でのしつけは一貫性を欠き、過度に懲罰を用いる傾向があるようだ。家庭での観察によれば、虐待家族の子どもは、反社会的行動に仕向けられるような強化を受け、親の介入は言葉でも身体的にも攻撃的であった。虐待および放任家族でのしつけの方法は、一貫性がなく、子どもに理解できる明確な構造を持っていなかった。ディスブロウらは、虐待する親は罰を与えることが多く、同じ子どもの行動に対しても両親の間で扱い方が異なることを明らかにした（Disbrow *et al.,* 1977）。

実験室でのアナログ的な研究では、少年の攻撃的行動に対する一貫しないしつけは、そうでない場合よりもさらにいっそう攻撃的行動を発展させてしまうことが、確かめられている。このように、一致しないしつけをする親は、子どもの行動を統制することが難しくなり、それが子どもを統制するためにさらに強烈な罰を与えさせることになる。このようにして、虐待家族の親子は悪循環に追い込まれることになる。しつけの方法は、児童虐待の研究では重要な分野と見なされているが、さらにデータが蓄積される必要がある。

一貫せずかつ懲罰的なしつけが、虐待の必要条件ではないのは、虐待が必ずしもしつけの場面で生じるとは限らないからである。さらに、しつけの場面であっても、しかられている行動が正常な子どもの行動であるかもしれない。たとえば、虐待する親は、泣くことやおもらしをすること、食べないこと、水をはねさせること、そして甘えることなどの行動を虐待のきっかけとすることがある。

被虐待児の兄弟

被虐待児の兄弟については知られていることがきわめて少ないが、やはりかなりの子どもが同様の虐待を受けている。たとえば、ボールドウィンらは、被虐待児の半数以上の兄弟が同様の虐待を受けていたことを報告している（Baldwin & Oliver, 1975）。児童虐待は、家族内のすべての子どもに影響を与える要因と関連しているだけに、むしろ多くの虐待家族で一人の子どもだけが虐待を受けていることは、奇妙に思える。家族内で虐待される子どもの数については、その家族での虐待につながる諸要因の特有の布置によって異なるのだろう。たとえば、標的となる子どもが一人の家族では、その子が虐待する親にとっては特別に気に入らない特徴を持っているのかもしれない。機嫌が悪かったり、とても乱暴であったり、新たな経済的負担を持ち込んだり、他の親のお気に入りだったりといったような特徴を、その子が持っているのかもしれない。あるいは、虐待が起こった時に、その子がたまたま運悪くその場所にいたがために、親のストレスのはけ口になったのかもしれない。このような問題点を明らかにするためには、虐待家族の家族システムの特性をさらに詳しく調べる必要がある。

4. 児童虐待への家族支援

虐待家族の夫婦問題

両親がそろっている虐待家族の場合には、虐待が生じた時点で夫婦間の葛藤が存在していたことが多いとされている。また、虐待する母親の多くは、子育てについて夫の協力が得られないと訴えている。また、障害をかかえる危険性のある子どもについての研究では、夫婦間の不和が、乳児の虐待や放任につながることが示唆されている。

しかし、夫婦間の不和が児童虐待の直接の原因となるとは断定できない。逆の因果関係も推測されるからである。また、配偶者への虐待と児童虐待が同時に進行する事例もあることに注目しておかねばならない。虐待家族における夫婦関係の特徴についても研究が進められている。たとえば、虐待家族のなかには、支配―服従パターンの夫婦関係が推測されるものが存在する。アメリカにおける全国調査の結果では、一方の配偶者が支配的な場合では、子どもへの暴力が通常の二倍に達するとされている。したがって、虐待をしていない側の親が、児童虐待においてかなり重要な役割を果たしているとの仮説が出されている。虐待しない親は、虐待に特別の反応を示さないことで、虐待を強化あるいは促進することさえあるのではないかと推測される面がある。

三世代家族との連携

亀口（二〇〇〇）は、不登校や家庭内暴力の家族療法の実践を通じて、これらの三世代の家族関係には、二つの母子関係の間で微妙に拮抗する相互作用があることを見出した。多くの事例で、子どもと母親の密着の背景にはIP（患者とみなされている人物）と父親の関係の希薄さが認められたが、同時に夫婦関係も希薄な傾向があり、他方で、嫁・姑間には顕在的もしくは潜在的な対立関係が存在していた。さらに、解決が困難な事例では、妻や子どもとの情緒的絆は非常に弱いのに反して、自分の母親との情緒的絆は強固に維持している父親の存在が浮かび上がってきた。

表面的には社会的な役割を果たし、核家族を構成しているかのように見えながら、妻子との情緒的なかかわりを避け、むしろ家庭外での職場の同僚や知人との情緒的交流を優先する傾向は、日本人の平均的な父親像とされている。しかし、そこに父親自身の濃密な母子関係が加わるとなると、家族システムの歪みはかなり深刻な様相を帯びてくる。数年以上続く不登校事例や、祖父母との三世代同居の家族の場合などに、その典型例を見ることができる。父親が十分な父性を発達させることができない背景要因は、何も父親自身の母子関係に限るものではない。父親が自分の父親に適切な父性のモデルを見出せなかった場合にも、父性発達に支障が生じる。

児童虐待の予防

児童虐待について家族心理学が果たすべき役割の中に、その予防のための基礎研究を推進することがあげられる。そこには、さまざまなレベルの課題が含まれている。若い両親を対象とした「子育て支援」の多様なプログラムの提供や、それを地域社会で推進していくためのネットワーク作りは優先課題とされるに違いない。真に有効な予防策を開発し、一般に広く提供するためにも、家族のきめ細かな心理的メカニズムにまで踏み込んだ家族心理学的研究の推進が望まれる。

関連機関との連携・協働

児童虐待防止法において、医師について児童虐待の早期発見の努力義務が課せられたことなどから、虐待の早期発見やその後のケアにおいて、児童相談所や児童福祉施設と医療機関との連携は今後ますます重要になるものと予想されている。さらに、最近の岸和田市での事件で表面化した学校との連携も早急に強化することが求められている。しかし、その場合に忘れられてならないことは、両親などの保護者を中心とする家族システム自体の連携を弱体化させない慎重できめの細かな心理的配慮が求められる。この意味で、全体としての家族を支援する心理的援助やカウンセリングを提供できる体制の整備を急がねばならない（亀口、二〇〇三a）。

5. ある家庭内暴力の家族療法事例

父親は三八歳の地方公務員、三五歳の母親は教員であった。六歳の男児がＩＰ（問題を抱えたとされる人物）のA男であり、三歳の弟がいた。主訴はＩＰの家庭内暴力であった。来談する一年前に父方祖父が六五歳で死亡した。それを機に、父親は鬱状態になり、通院治療を受けた。その頃から父親は特に理由もなく、子どもたちに暴力をふるうようになった。同時に、ＩＰは保育園でいじめられるようになった。二ヶ月ほど前から、逆にＩＰから父親への暴力が始まったが、まもなく攻撃対象が弟に移行した。弟が怪我を負うことを心配した母親が、「代わりに私を殴りなさい」と申し出ると、ＩＰは躊躇することなく、母親に殴る・蹴るといった暴力をふるいはじめた。この時点で強い不安感を抱いた母親が、家族療法を希望することとなった（亀口、二〇〇三b）。

面接経過──第一回（幼児の家庭内暴力に困惑する両親）

当初、父親は仕事を理由に家族療法に対して消極的であったが、母親の説得に応じて初回から家族全員が来談した。兄弟ともに活発で室内を動き回っているのに対し、両親は重く沈んだ表情で疲労感を漂わせていた。時折、ＩＰは両親に身体接触を求めるが、両親は拒否的であり、ＩＰもあっさり引き下がっていた。弟は自分の要求が満たされるまでは何度でも要求し、両親も弟に対しては受容的であった。

家族全員での粘土創作では、粘土に触れることそのものを目的とした。弟がウルトラマンの上半身を作り、両親に下半身の制作を依頼するが、バランスの取れない作品ができあがった。両親は、ＩＰの以前の性格は「比較的おとなしい子ども」だと評した。父親は、「自分の幼い頃と似ている」と言いながら、少年時代の自分の父親とのかかわりなどについてはほとんど思い出すことができなかった。母親は、そのような夫に対して冷たく批判的な態度を示していた。

第二回（家族再生への期待）

家族全員が来談した。子どもたちが期待していた粘土創作では、「一番好きな物」という主題を提示した。父親は白鳥、母親は二匹のカタツムリ、ＩＰはカービー（ファミコンのキャラクター）を作るが、弟は作らなかった。母親は父親の作品を見て、「人間味のある何か温かくて豊かなものを感じる」と驚いたように感想を語った。この後、二人の子どもは共同セラピストとともに屋外で鬼ごっこをして遊んだ。

平行して進められた両親面接では、家庭でのひどい兄弟喧嘩がなくなったとの報告があった。IPの暴力が始まって以来、母親は出勤前の早朝にIPを三〇分ほど抱っこするようになり、それが二ヶ月続いている。しかし、母親自身の内省によれば、それは自然な行為というより義務的なものであり、内的な葛藤を感じているとのことであった。

さらに、母親はIPとの母子関係をふりかえりながら「自分の不満をあの子にぶつけていました。いけないとは思いながら、あたられ役としてのあの子を必要としていました」と述懐し、母子間に悪循環が存在していたことを認めた。セラピストは、母親の作った二匹のカタツムリに眼をやりながら、「カタツムリはヤドカリとちがって一生宿を替えませんね。そんなカタツムリが二匹で寄り添って同じ方向に向かっているようですね」と暗に両親の未来像を二匹のカタツムリに託して肯定的に比喩したナレーションを与えた。それは、セラピストにとって母親の作品が、危機に直面した夫婦の関係修復へのかすかな希望の象徴のように感じ取られたからであった。

第三回（母親の退歩と父親の関与）

面接予定の二週間前に、母親から夫の協力を得ることが難しいので家族療法を終了したいとの電話があったが、セラピストが母親単独でも継続可能であることを伝えたところ、母親が予定通りに来談してきた。

母親が前回訴えていたIPの受容については、義務感ではなく自然にできるようになったとの報告があった。一方で、「もともと夫に対しては依存したくて結婚したので、愛情を求めていなかった。これからは夫に依存せずに自分の問題に取り組んでいこうと思います。そのために交流分析を始めました」と語り、離婚の可能性もほのめかせるなど夫婦関係の修復についてはあきらめかけているようであった。セラピストは、「A君との親子関係を良好に続けようとしながら、夫婦関係の改善をあきらめることは根本的に矛盾するのではないでしょうか。A君の中に両親が互いを思いあっているという前提があるからこそ、母親に甘えられるようになってきたのではないでしょうか。その前提が崩れることをA君が知れば、どうなるでしょうか」と、暗にIPの立場を代弁するような問いかけをした。これは、母子関係や、夫婦関係といったサブシステムのみにとらわれている母親の視点を家族システム全体へと転換させる意図を持っていた。

母親の唐突な方向転換に他の家族がついていけそうにない状況を察知したセラピストは、その旨を母親に告げ、家族療法の終結についても夫と話し合いのうえで決定するように助言した。数日後に、母親と父親から面接予約の連絡があり、継続の意思確認がなされた。

第四回（父方祖父の呪い）

家族四人がそろって来談した。粘土制作では主題を与えず、自由課題とした。父親は、恐竜、新幹線、トンボを、母親はイルカ、IPはモグラ、手足のあるオタマジャクシを作ったが、弟は未完成であった。

これらの粘土作品を全員で見ながら、「何かの話にまとまらないだろうか」と父親に水を向けると、「新幹線に乗って動物園に行くところ」と提案した。すると、IPが「昔と今に分ければいい」と提案、結局、「恐竜時代に隕石（弟制作の粘土の塊）が落ちて今になった」という独創的な話ができあがり、全員大満足であった。恐竜が死んで新しい時代が始まり、オタマジャクシに手が生えるなどの「死と再生」を連想させる「お話」であり、この家族の再生の予兆とも受け取れた。

その後の面接室内での家族相互のやりとりを観察したセラピストは、子ども二人を室外でのプレイ（遊戯療法）に送り出し、両親のみの面接を行った。セラピストは、IPが兄としての自覚に目覚め、また家族もIPをそのように扱い始めていることを肯定的に指摘した。母親は、「弟に対する兄の乱暴な行動は、過去に自分の行動を受け入れてくれなかった私たち親に対する仕返しだと思います。今は、時間をかけて受け入れていくしかありません」と述べた。父親は、「A男は、受け入れられないのは自分が悪いからだと思っているようだが、なぜだか分かりません」と当惑した表情を見せた。

子どもたちが室外でのプレイから戻り、合流したところで両親への要望を尋ねた。二人とも父親にもっと相手をして欲しいと要求し、さらにそこでIPは、同席者全員が思いもかけなかった衝撃的な発言をした。「お父さんが相手をしてくれなくなったのはおじいちゃんが死んでから、おじいちゃんの呪いがお父さんに乗り移ったからだ」。セラピストは、「A君は自分の父親に対する思いと父親の祖父に対する思いは無関係でないと感じているようです。感じる力を持っているが、整理することができずに混乱してしまう。するど、叱られる。なぜ叱られるのか分からない。結局、自分が悪い子だから……となるのではないでしょうか」と、父子間の悪循環を分析し、父子関係の変化に一定の方向づけを行った。両親は、共にＩＰの思いもよらぬ発言に驚いていたが、とりわけ父親は息子から自分の亡き父親との関係を指摘されたことに、深い感銘を受けたようであった。

第五回（父親によるＩＰとの同一化）

家族全員による粘土創作セッションで弟が父親の作った飛行機を壊したため、ＩＰが修理し始めるが、やがて父子の共同作業へと切り替わった。父子は、飛行機とペンギンやアシカの親子を作った。家庭ではまだ少し弟への暴力が見られるために、父親は過敏に反応することがあるようである。セラピストは、父親自身の兄弟関係に焦点を絞り、子どもたちとの比較をさせた。すると、「自分には覚えがないのですが、最近になって自分の弟から『昔はよく（兄から）いじめられた』と言われたことを思い出しました。でも、今は弟と関係が悪いわけでもないので、兄弟間では少しのいじめはいいのかもしれませんね」と明るく応えた。このやり取りを聞いていた母親は、少し安心したような様子を示した。

第六回（両親連合の成立）

両親面接では、父親が近況を報告し、兄弟関係の改善を認めた。母親もこれに同意し、初めて夫婦の意見が一致したとの印象を受けた。セラピストはＩＰが弟に比べると甘えるのがうまくないので配慮が必要だと指摘した。別室で遊んでいた二人の子どもは面接室に戻るとすぐに同行していた共同セラピストが入室できないようにドアを閉めてしまった。それまで家庭でも、兄弟が共同でいたずらをするようなことがなかったために、両親も驚いていた。セラピストは、兄弟の「共同作業」を肯定的に評価しながらも、「子どもは子どもなりに、意地悪をされた相手の気持ちが分かるようになる必要があります。でも、それは教えるものではなく、気づかなくてはなりません。子どもはそれを遊びの中で学んでいきます」と補足した。この解説的なナレーションによって、いたずらの意味を両親に伝え、〈叱る〉ことから〈導く〉ことへの役割変化を示唆したのである。

第七回（父子の身体接触の促進）

今回はいつもの油粘土ではなく、紙粘土を用意しておいた。その理由としては、IPが紙粘土で作りたいと希望したことと、紙粘土は固まりやすいために、家族が事前によく話し合っておく必要があることを積極的に取り込むためであった。共同セラピストが父親を「当番さん」に任命し、家族の意見をまとめるように依頼した。父親は、ボート、アシカ、カメ、母親はクジラ（IPとの共作）、IPはペンギン（父親との共作）、弟がだんごを作り上げた。これらの粘土作品を目の前にして、家族は以下のようなお話を作り上げた。「南極に捕鯨に行ったボートがクジラを捕りそこない、それを見ていたアシカとペンギンとカメがクジラの無事を喜んでいる」。さらに、カメはおだんごが卵になってそれから生まれたものだという補足説明までついていた。

親子同席で、セラピストがIPに何か困ったことはないか尋ねると、「今はないけど以前はあった」と応え、幼い頃に父親から理不尽な叱られ方をされ、そのために父親を恐れていたことが判明した。現在、母親は進んでＩＰとの身体接触を持つようにしているが、父親はＩＰが求めない限りほうっている様子であった。そこで、セラピストは父親に対して、一日一回ＩＰを抱き上げて体重を量る課題を提示した。

第八回（家族の再生）

前回の父親への課題の実施状況を確認するが、不明確であったので、その場でやってみるように依頼した。父子は、共に照れた様子であったが、父親に抱き上げられたＩＰはうれしそうな表情を浮かべ、父親のほうも「重くなったなあ」としみじみ感想を述べていた。

前回制作した紙粘土像に、今回は水性絵の具で色付けをした。絵の具を使ったことのない弟はみさかいなく絵の具を出すために見かねたＩＰが手本を示す場面も見うけられた。そんな兄弟の様子を両親は優しく見守っていた。作業中は、初期の頃と異なり、お互いの間で会話が交わされ、終始和やかな雰囲気であった。完成すると、絵の具で汚れたテーブルをＩＰが率先して拭き始めたのが印象的であった。

セラピストが両親にこれまでのことをふりかえるように提案したところ、母親は「A男と夫との間に互いの思いやりが感じられるようになりました」とうれしそうに語った。母親の「子どもの相手が負担になっているのでは」という懸念に対し、父親は、「(妻のように)一日中というわけではないから大丈夫だよ」と力強く応えた。妻からの確かな支えを手に入れ、夫は父親としての自信を取り戻したようであった。また、初回時のように子どもたちの前で躊躇することなく、溌剌とした口調で話す両親のそばで、子どもたちは嬉々として遊んでいた。この時点で家族の了解のもと家族療法を終結した。

面接経過のまとめ

この家族の危機のドラマは父方祖父の死に端を発していた。祖父の死後、父親は不安と抑鬱感にさいなまれるようになり、やがて、その渦に長男のＩＰを始めとして家族全員が巻き込まれていった。家族面接で、父親は自分が幼い頃に父親からひどく叱られたことは覚えているものの、その理由や自分の父親をどのように感じていたかについての記憶をまったく失っていることに気づいた。父親が尊敬する存在だったと語った祖父の死は、幼い頃に失った親密な父子関係を二度と手にすることが不可能な現実を父親に突きつけたのではないだろうか。その父親が、気がつくと理由もなく自分の息子（ＩＰ）に暴力をふるうようになっていた。父親の愛を失い、自信を失ったＩＰは保育園でもいじめられるようになり、追いつめられた彼の心境は力の劣る弟への暴力、そして息子を守り切れない無力感に襲われていた母親への暴力へと向かわせた。三世代に渡る父子間の暴力の連鎖の図式を、この事例でも明瞭に見て取ることができる。その強固な連鎖を断ち切ることができたのは、自らの母性に自信を失っていた母親が、問題を断片化させずに夫を含む家族全員の問題として家族療法に臨んだからではないだろうか。

●引用文献

Baldwin, J. A. & Oliver, J. E. 1975 Epidemiology and family characteristics of severely abused children, *British Journal of Preventive Social Medicine*, **29**, 205-221.

Berger, A. M. 1985 "Characteristics of Abusing Families". In L'Abate (ed.), *The Handbook of Family Psychology and Therapy, Vol.II*, Dorsey Press, Homewood/Illinois.

Bousha, D. M. & Twentyman, C. T. 1982 Abusing, neglectful and comparison mother-child interactional style: Naturalistic observations in the home setting, Unpublished manuscript, University of Rochester.

Burgess, R. S. & Conger, R. D. 1977 Family interaction patterns related to child abuse and neglect: Some preliminary findings, *Child Abuse and Neglect*, **1**, 269-277.

Disbrow, M. A., Doerr, H. & Caulfield, C. 1977 Measuring the components of parents' potential for child abuse and neglect, *Child Abuse and Neglect*, **1**, 279-296.

Gelles, R. J. 1980 "A Profile of Violence toward children in the United States". In G. Gerbner, C. J. Ross, & E. Zigler(eds.), *Child Abuse: An Agenda for Action*, Oxford University Press, New York.

Hunter, R. S., Kilstrom, N., Kraybill, E. N. & Loda, F. 1978 Antecedents of child abuse and neglect in premature infants :A prospective study in a newborn intensive care unit, *Pediatrics*, **61**(4), 629-635.

Hyman, C. A. 1977 Preliminary study of mother/infant interaction. *Child Abuse and Neglect*, **1**, 315-320.

亀口憲治　一九九七　家族心理学から見た児童虐待――序説　日本家族心理学会編　児童虐待　金子書房　二～一四頁

亀口憲治　二〇〇〇　家族臨床心理学　東京大学出版会

亀口憲治　二〇〇三ａ　家族のイメージ　河出書房新社

亀口憲治　二〇〇三ｂ　家族療法的カウンセリング　駿河台出版社

Leventhal, M. A. 1976 "Risk Factors in the Child: A Study of Abused Children and Their Siblings". In H. P. Martin(ed.), *The Abused Child: A Multidisciplinary Approach to Developmental Issues and Treatment*, Ballinger Publishing; Cambridge, Mass.

Martin, M. 1972 "The Child and His Development". In C. H. Kempe & R. E. Helfer(eds.), *Helping the Battered Child and His Family*, J. B. Lippincott, Philadelphia.

Shorkey, C. T. 1980 Sense of personal worth, self-esteem and anomie of child-abusing mothers and controls, *Journal of Clinical Psychology*, **36**(3), 817-820.

Twentyman, C. T. & Plotkin, R. C. 1982 Unrealistic expectations of parents who maltreat their children: An educational deficit that pertains to child development, *Journal of Clinical Psychology*, **38**(3), 497-503.

第5章 思春期の母子システム

1. はじめに

思春期は不安定かつ曖昧な時期である。思春期の子どもは、子どもでもなく、大人でもなく、すでに世の中を分かっているようでもあり、まるで分かっていないところもある。今まで機嫌が良かったかと思うと、次の瞬間にはもうむくれて口を開こうともしない。その思慮深さに感心していると、思わぬ衝動的行為を見せられて愕然とさせられることもある。大人、とりわけ親にとってはまことに扱いにくい存在である。分娩時の苦しみや赤ん坊の頃の愛らしさの記憶を鮮明に持ち続けている母親にすれば、思春期の子どもが時に示す「親を親とも思わぬような態度」には、成長の喜びどころか困惑や不安を感じるのが普通であろう。まして、不登校などの問題行動が表面化した場合には、悲劇の渦中にたたき込まれたような思いを抱く母親も少なくない。本論では、このような難しさを持つ思春期の子どもと母親の関係を、筆者自身の臨床事例を素材にして家族システム論の視座から考察し、「母子システム論」の新たな展開を試みたい。

2. 家族システム論から見た母子システムの特異性

今日、家族システム論は初期の「家族か個人か」といった単純な二項対立を超えて、両者を弁証法的に統合する道を模索しつつある（Massey, 1986；Weeks, 1986；亀口、一九八七）。筆者はその試みのひとつとして、家族システムを構成する各サブシステムの機能特性とその相互関係を明らかにすることが必要だと考えている。なかでも、母子システムは人間の発生過程を考慮するうえでも、最重要視されねばならないであろう。母子システムはその発生初期には、まさに「一体」だったからである。妊娠した女性は、彼女自身がすでに母子システムそのものだと言えよう。つまり、妊婦は個人であって、しかも純粋な「個人」ではなく、胎児という他の生命体を内に取り込んだ、ある種の「集団」でもある。周産期医学の進歩によって、妊娠後期の妊婦と胎児が相当に複雑な相互作用や広義のコミュニケーションを行っていることが明らかになりつつあるからである。分娩によって母体という安全このうえないシステムから切り離された乳児が、保護を求めて母親の胸にしがみつき、また母親が自己の一部であった乳児をわが胸に抱き寄せようとすることは、母子システムの発生過程からすれば至極当然だと言えよう。歩行の獲得、離乳、トイレット・トレーニングの完成によって母子の身体的密着度は発達とともに逓減していくが、それを補うかのように言語を媒介とした接触は増加する。母子の一体性は形を変えつつも持続する性質を持っている。

しかし、現実の個々の母子システムはさまざまな要因によって、その一体性を脅かされる脆弱さも内包している。妊婦や乳児を連れた母親が、周囲の人々の暖かな配慮なしに生活することは困難である。そこで、母子システムを包み込むシステム、すなわち家族システム（ないし周囲の支援システム）の機能や特性が問題になってくる。核家族に第一子が誕生した場合には、その母子システムにとって父親の存在は大きな意味を持つ。妻が妊娠によって他の個体を体内に宿したことを直接体験できるのにくらべて、夫の受け止め方はより間接的であり、「認知」や「観念」の働きに頼らざるを得ない側面が多い。妻が胎児から自動的に「母体」としての機能を要求されるのに対し、夫が胎児から親としての役割を直接求められることはない。しかし、部分的に心身の自由を制限された妻（母子システム）を援助し、いたわる役割は夫に求められる。父親がその役割を十分に果たすか否かで、母子システムの発達と健康性は大きく左右されるであろう。しかも、その影響は乳幼児期のみならず、思春期・青年期にまで及ぶと考えられる。第二子の誕生は、母子システムをいっそう複雑にする。母親は発達段階の異なる二人の子どもと個別の関係システムを作り上げるだけではなく、同胞間に形成される同胞サブシステムにも適切に対処しなければならない。この設階では父親の直接的関与が母子双方から要請されるようになる。こうして、家族システム内の相互作用は複雑さを増していくが、そのなかにあって、母子システムが特異なサブシステムとしての機能を発揮し続けていくことには変わりない。そこで本論では、母子システムを「生命システム」たる家族の中核サブシステムとして位置づける立場をとるものとする。

3. ライフサイクルにおける思春期の特異性

思春期という時期が個人のライフサイクルにおいて特異な位置を占めることについては、すでに多くの優れた論稿があり、今さら論議する必要のないことかもしれない（前田、一九八八；西園、一九八三）。しかし、個人のみならず、家族のライフサイクルにおいても思春期の子どもがいる時期は、特有の問題をかかえることが多いとされている（鈴木、一九八三）。結婚、第一子の誕生と並んで、あるいはそれ以上に思春期に達した子どもを持つ家族は、家族ライフサイクル上の危機に直面しやすいと言われている。それは思春期の子どもの発達的危機だけではなく、その親の中年期の危機や、祖父母世代の老年期の危機までもが同時発生する危険性をはらんでいるからだとされている（岡堂、一九八五；佐藤、一九八六）。まさに、「家族危機」の好発期だと言える。では、母子システムにとってこの時期はどのような特有の意味を持っているのであろうか。ブロス（Blos, 1967）は、青年期は第二の個体化の起こる時であると述べているが、母子システム論の観点からは、母親側に生じる変化についても無視することはできない。私見ではあるが、この時期は母親にとっては、「第二の出産」にも匹敵するような体験を伴うのではないだろうか。とりわけ、密着した母子システムにあっては、双方が分離の困難さを味わうことになる。第一の出産と異なり、この出産は母親の側に身体的な内部変化を起こさないために、きわめて漠然としたとらえどころのないものとなる可能性が高い。一方、子どもの側では第二次性徴の発現や内分泌系の変化など、自分自身の身体的変化を鋭敏に感じ取っている。この両者のギャップ自体は正常に発達している母子システムでも見られるものであり、むしろそれが母子分離の促進要因として働くと考えられる。ところが、密着傾向の強い母子システムでは、両者が互いを内部に取り込んだ形で自己像や自己身体像を形成しているために、比較的違和感が発生しにくく、心理的な境界を設定することが難しい。ミニューチンら（Minuchin *et al.*, 1978）が多くの心身症の家族構造に見出した「世代間境界の未確立」がそれである。このような母子システムは、情緒的には「親子」というより、「同胞」に近い関係特性を持っていると考えられる。思春期に達した子どもとそのような関係を持つ母親が、子どもを再度産み出し、分離することは確かに困難な課題であるに違いない。密着した母子が、「産み直し」「生まれ直し」をおのおの体験するためには、その前提となる「妊娠期」と「胎児期」の再体験が必要なのかもしれない。病態の重い思春期の事例で、あたかも胎児に近い発達段階への退行現象が報告されるのはそれほどまれではない。もっと軽度の登校拒否の事例でも、起き出せずに寝具にくるまっている子どもの姿から「子宮内の胎児」を連想するのは、筆者のみであろうか。

では、母親は妊娠期をどのように再体験するのであろうか。母親が自覚する妊娠の典型的な兆候のひとつは、妊娠初期の「つわり」である。それまで独立した生体システムとして機能してきた母体内に出現した胎児は、やはり「異分子」としての影響を母体に与えずにはおかない。その具体的な効果として、母親は「つわり」という生理的変調を来すわけである。しかし、それは母親に否定的にのみ受け取られるのではなく、自己の身体に紛れもなく新しい生命を宿したという、「産む者」としての喜びの予感を与える役割も持っている。妊娠後期に母親の意志とは無関係な胎児の動きを感じた時に、その予感は紛れもない事実として受け止められていくのであろう。そして、この神秘に満ちた過程は分娩という劇的な最終段階を迎える。産みの苦しみと、産み落とされる恐怖とを共に体験した母子が、おのおの独立したシステム（個人）として新たな関係を成立させる課題に取り組むことになるのである。問題を抱えた思春期の子どもと母親も、この一連の過程を心理的に（そして部分的には身体的にも）体験しているのではないだろうか。

しかし、正常分娩でも産科医や助産師の援助が必要であるように、密着傾向のある思春期の子どもを、母親が独立した人格を持つ人間存在として再度産み出すために、心理臨床家の援助を必要とする場合が少なくない。その意味では、思春期の母子システムを対象とした家族療法の治療過程は、家族療法家による第二の出産の援助過程として理解できるかもしれない。そこで、次に筆者が経験した臨床事例を基に考察を加えてみよう（亀口、一九八九）。

4. 思春期における母子システムの構造変化

A家の事例

ＩＰ：Ａ男、一二歳の中学一年生。

主訴：不登校、対人接触の拒否。

家族構成：脳卒中の後遺症のある父親（七十歳代）、その父親に代わって自営業を営む母親（五十歳代）とA男の三人家族と、住み込みの女性従業員が同居している。

生育史と現状に至る経過：母親は以下のように報告した。

①母親の養育態度は一貫して支配的で過干渉だった。

乳児の頃は夜泣きをさせませんでした。幼児期にはスキンシップの機会が少なく、人任せが多く、営業面優先で、鬼になって働いておりました。そのうえ、「いくじなし」「ぐず」と叱責することが多かったと思います。内向的性格、自信のない生活態度はもうこの頃から作られていたのでしょうか。小学二年で父親が再起不能の病に倒れ、子どもなりに母親を助け、忍びがたきを忍んで真面目な小学校生活を続けていましたが、母親の表情を敏感に感じ取って我慢ばかりしてきたのでしょう。自己の生活をのびのびとしたことはなかったのでしょう。

②父親不在からの不安とコンプレックスがある。

「お父さんは偉かったか？」という質問を折に触れ何度もしたように思います。物心ついてからの父は歩行も困難な言語障害を持つ姿で、そこからは一家の大黒柱として社会的に活躍している姿は片鱗もうかがうことができません。それでも父の友人の方々が社会的に立派な方たちなので、尊敬したい衝動を持っているが、矛盾を子どもの力では解決できないで悩んでいるように思われます。学校の交友関係はこのコンプレックスがいつも障害になって広がらず、しぼんでしまうようです。

③生活の不安があった。

父親の病臥と時期を同じくして、不況の波、時代の変わり目が押し寄せ、ジワジワと営業面のしわ寄せが現れてきて、子ども心に母親一人の働きに不安を感じ、学校よりも家のことが頭を離れないように追い込まれているのではないでしょうか。お小遣いはほとんど使わず、「僕は貯めるのが好き」と言っておもちゃはプレゼントでそろえる要領者です。

偏食が多く、運動が嫌いなA男は、中一の二学期より不登校状態になり、昼夜逆転の生活を始め、対人接触を避けるようになって家を一歩も出なくなった。一ヶ月後に、母親が筆者に家族療法を依頼してきたため、来所できない父親を除いた、母子を対象に月一回の家族療法を計二九回実施した。その治療経過の概略を四期に分けて示すことにしよう。

第一期：一〜一〇回（第二の妊娠期）

不登校状態になってからのA男は対人恐怖傾向が強く、家庭訪問に来た教師とも顔を合わせず、電話にもいっさい出ない状態であったにもかかわらず、家族療法にはほとんど欠席しなかった。第一期の前半は、家庭でのA男の生活態度や家族史についての話題が主であった。後半は自閉傾向が固定化して体力も落ち、来所自体が困難な回もあった。母親も早期の問題解決をあきらめようとする心境になってきた。セラピストは不登校の肯定的リフレーミングを行い、H家の家族システムにおけるA男の問題行動の肯定的役割を指摘した。その根拠としては、家族療法への来所自体が、他に外出の機会がない母親を「出口の見えないA家」から一時的に連れ出し、それまで母親が強いられてきた病夫の看護者ないし経営者としての役割ではなく、母親が十分には果たし得なかった「A男の母親」としての役割に専念できる「場」を確保しているとも理解できたからである。前節での「第二の出産」の比喩を使えば、母親は家族療法の場を借りて、再度A男を体内に孕んだことを確認したのではなかろうか。この時期にA男が「今のままで時間が止まってほしい」とつぶやいた場面を筆者は今でも鮮明に記憶しているが、それは再度母体に戻ったA男の心境を端的に表した言葉だったように思う。あるいは、待ち受けている第二の誕生の苦しみの予感だったのかもしれない。

第二期：一一〜一七回（胎教期）

A男は家族療法を楽しみにしていた。筆者は登校を巡る母子間の緊張が緩んだこと（胎児の受け入れによる母体の安定化）を受けて、母子システムの補強段階に来たと判断し、家族以外のキーパーソンの協力も得ながら、ある種の「胎教」とでも言える治療的働きかけを行った。まず、家族同様に同居し、かつては母親代理も務めていた古参従業員の「おばちゃん」に同席を求め、タブーであった「父の死」の主題に直面させたが、母親が動揺を見せなかったことにA男は安心感を持ったようであった。さらに、同様にタブーであった「学校」の話題に接近するために、「おばちゃん」に教師の役をとってもらい、A男が進路相談をもちかける場面を演じさせた。A男はさしたる抵抗も示さず、指示に従った。その後、A男は小学校時代の友人と文通を始めると同時に、偏食の改善など達成が容易な課題に取り組み始めた。第一七回では同席した教師との対面が実現し、以後家庭訪問した教師との会話が可能になった。このような「胎教」によって、生まれ出ようとしている世界が必ずしも脅威に満ちたものではないことをA男に予感させ得たのではないだろうか。そして、同時に母親はA男を産み出すことへの意欲と期待を取り戻し始めたのではないかと思われる。

第三期：一八～二四回（第二の出産期）

心理的な「胎内」にA男を孕んだ母親（母子システム）を包み込む支援システムが、第二期の治療過程を通じて形成されたと筆者は判断し、いよいよ第二の出産に向けての取り組みを始めた。面接場面では母子を対面させ、筆者が「増強フィードバック法」（亀口、一九八九）と呼ぶ技法を使って、それまで互いが表出し得なかった内面の感情をまず治療者に伝達させ（フォーカシング技法に類似の手続きを取る）、次いで、相手に直接それを伝えさせることを丹念に繰り返していった。これを数回続けるうちに、次第に特徴的な母子間交互作用のパターンが、浮かび上がってきたのである。それは、いわゆる「二重拘束」現象に近いものだったように思う（Bateson *et al.*, 1956）。「二重拘束」とは、言葉では相手を肯定しているようでも、しぐさ等では否定するような矛盾したコミュニケーションが繰り返し行われる状況のことである。母子はこの、真に近づくことも、また離れてしまうこともできない矛盾に満ちた拘束によって、心理的には「一体」のままにとどまっていたのである。そこで、筆者は母子間に不適切な拘束が存在することを両者が実感し、それを廃棄ないし切断する課題（第二の分娩）に取り組むように促進した。その過程の一部を第二〇回の面接記録によって以下提示することにしよう。

Ｔｈ（セラピスト）：たぶん、（Ａ男の）実感としては、悪い変化の予想のほうが強いのでしょうね。

Ｔｈ：お父さんのことなんかが当然そうだね。（Ａ男うなずく）

Ｔｈ：お父さんが亡くなった場合のことははっきりしていますし、どんなことが起こるかも自分で予測がつく。それに比べたら、ほかの話はとても信じられないんだね。気休めみたいに思うんだね。

Ａ男：それか、もしくは「罠」みたいにね。

Ｔｈ：うん、「罠」みたいにね。だから、一回でも学校に行くと、誰の罠かは分からないけども、学校に戻されるように感じるんだね。

Ａ男：うん。

Ｔｈ：今まで玄関でしか話せなかった先生と自分の部屋で話をしたんだから、僕はもうしなきゃならないことはしたと思うんだね。そういうことかな？（Ａ男うなずく）（母親涙を拭く）

Ａ男：何で泣くの。（母親はすぐに答えず、涙を拭いている）

Ｔｈ：お母さんはどうして泣いていると思う？

Ａ男：自分の息子に将来性がないのが分かったから。

Ｔｈ：お母さんに直接聞いて確かめてごらん。

A男：どうですか？

母親：お母さんはそんなふうには思わないよ。

A男：じゃあ、なぜ泣くの。（詰問するような口調で）

母親：お母さん万事休す。力の出しようがない。お母さんのすること何もない。お母さんじゃない。

（右手で投げ出すようなしぐさをしながら）

A男：何でお母さんじゃないの？（攻撃的な口調で）

母親：お母さんはただ働いていればいいだけ。

A男：それはどこのお母さんでも力の出しようがないことはありますよ。

母親：そうかな。A君にはA君の考えがしっかりあるからね。お母さんの考えが入り込む余地がないね。

Th：お母さんには助けようがないっていうかな。A君に何の影響も与えられないことが悲しいようだね。

A男：それはどこの家庭でもあることだと思う。それを勝手に自分だけだと思い込んでいる。

Th：よそのお母さんでも同じだと思うんだね。（A男うなずく）

A男：入学試験や就職はお母さんの力じゃどうにもならないことだし、それに自分の寿命だってお母さんが勝手に延ばせるわけでもないから。そりゃ、いくらでもあること。それを勝手に自分で悲しんでる。

Th：だから、母親じゃないってことにはならないってことだね。A君には自分の間違いないお母さんだという実感はあるんだね。（A男うなずく）

（中略）

Th：さあ、これで少しは整理できたでしょうか。

母親：そうですね。ひとつの山を越えたような感じですね。

Th：A君、何となく怒りたくなったら、その理由を少しお母さんに言わないと分からないんだよ。

（笑い）

母親：私が中学校のことにこだわってないっていう気持ちが初めて通じたようですね。（はればれとした表情で実感をこめて）

この回以後、母親は学校の話題を気楽に口に出せるようになり、A男は学校主催の長欠児のキャンプに参加した。友人宅を訪問するようになったA男は、他の対人関係も次第に取り戻し始めた。さらに、定時制高校への進学についてK先生に相談するまでになった。第二四回では次回にA男が単独で来所することに母子双方が同意した。この時点で、筆者は母子が第二の出産をやり遂げたという、たしかな手応えを感じたのである。

第四期：二五〜二九回（A男の独り立ち）

A男が約束どおり単独で来所できたのを確認したのち、面接場面のなかで登校時のリハーサルを行わせた。ここでA男は再登校を自ら決意したのである。十日後にK先生の行き届いた配慮のもとに、A男は二年四ヶ月ぶりの再登校を果たした。その後、宿直室での個別学習を続け、定時制高校を受験し、見事合格した。最終回となった第二九回は高校入学後二十日経っていたが、A男は単独で来所して休まず登校しているところを落ち着いた表情で報告した。A男に託した母親の礼状には「二年有余、先生のもとに通って、やっと（A男が）自分で道を選び、自分で歩き出してくれたことを、何よりの成果と喜んでおります。」という母親の思いがしたためてあった。

一年後のフォローアップ

母子同伴で来所し、一年間の経過報告を受けた。A男は高校での適応にさほどの困難を感じておらず（ほとんど欠席なし）、親友との交際を続け、家業の手伝いも確実に実行していること、父親の健康状態にも著変のないことが確認できた。母子が互いを見やったときの柔らかな笑顔が非常に印象的であった。筆者はこの二人の間にかつての「拘束」ではなく「絆」が出来つつあることをその表情から感じ取ったのである。

この事例に見られるように、問題を抱えた思春期の母子システムを心理的に援助するにあたって、「第二の出産」とも言える母子相互作用の体験を治療者が見守り、そして促進することが有効な手段になり得るのではないだろうか。従来から、とりわけユング派などでは、青年期における親からの自立に伴う「死と再生」のテーマは重要視されてきており、その点で本論での主張は格別目新しいものではないかもしれない（河合、一九八〇）。しかし、ここで強調しておきたいことは、「思春期における第二の出産・誕生」というリフレーミング（認知の枠組みを替えること）には、「出産」を母親のみの行為ではなく、母胎から産まれ出ようとする子どもと、産み出そうとする母親との間で交わされる母子相互作用の過程として位置づけようとする意図がこめられている点である。第一の出産での胎児には、産まれ出ようとする「意志」や「意識」の作用があるとは常識的には考えられてはいない（近年の胎児医学の進歩からすれば必ずしもそうとばかりは言いきれないが）。しかし、第二の出産における「胎児」では明らかにそれが重要な機能をもっている。第一の場合と異なり、第二の出産期の胎児（思春期の子ども）は「生まれずにいようとする意志」を働かせることができる。本事例でのA男が、それまで母親が出していた有形・無形の登校刺激から解放されてマイペースの自閉的生活を楽しみ始めた時に、「今のままで時間が止まってほしい（第一〇回）」と語ったことは、それを例証しているのではないだろうか。

ある意味では、このような状態にある子どもに登校を強いることは、未熟児に早すぎる誕生を迫ることに等しいのかもしれない（この際、子どもの外見上の発達段階や、暦年齢は問題としない）。そして、母親もまだ分娩の準備は整っていないのであろう。妊娠後期の妊婦が陣痛の不安や苦しみに耐え、新たな生命をこの世に送り出す喜びに期待を膨らませるためには、この母子システムを包み込む暖かな環境（支援システム）を整備しておく必要がある。それは妊婦にとってばかりではなく、胎児にとっても必要不可欠なものではなかろうか。そして、第二の出産は第一のそれ以上に、産むものと生まれるものとの間の連携プレーが重要な働きをするように思われる。それがうまくいかない時、すなわち難産であれば、専門家の援助が必要になる。したがって、問題を抱えた思春期の母子の心理的分離を援助しようとする家族療法家の役割は、難産に苦しむ母親を援助する助産師や産科医のそれに類似しているとも言えよう。また、その生々しい生命誕生のドラマのなかでは脇役に押しやられていた父親にも、難行を終えた母子を賞賛し、いたわる役割を発揮することはおおいに期待されている。これまで再三繰り返して述べたように、母子システムが健全に発達し、適切に機能するためには父親をはじめとする家族内の他のサブシステム、さらにはその外側に広がる生態システムの支援が、他の発達段階と同じく、あるいはそれ以上に思春期には必要とされるのである。

●引用文献

Bateson, G., Jackson, D., Haley, J. & Weakland, J. 1956 Toward a Theory of Schizophrenia, *Behavioral Science*, **1**, 251-254.
Blos, P. 1967 The Second Individuation Process of Adolescence, *The Psychoanalytic Study of the Child*, **22**, 162-186.
亀口憲治　一九八七　家族システムの変化に伴う家庭内暴力の解決事例　家族心理学研究　第一巻一号、一七～三三頁
亀口憲治　一九八九　登校拒否の家族療法事例――増強フィードバックによる母子システムの構造変化　家族心理学研究　第三巻第一号、四五～五四頁
河合隼雄　一九八〇　家族関係を考える　講談社
前田重治　一九八八　不適床の精神分析　慶応通信
Massey, R. 1986 What/Who is the Family System? *The American Journal of Family Therapy*, **14**(1), 23-29.
Minuchin, S., Rosman, B. & Baker, L. 1978 *Psychosomatic Families*, Harvard University Press, Mass（ミニューチンほか　一九

八七　思春期やせ症の家族　福田ほか訳　星和書店）
西園昌久　一九八三　現代の思春期論　季刊　精神療法　第九巻三号、二〜十頁
岡堂哲雄　一九八五　あたたかい家族　講談社
佐藤悦子　一九八六　家族内コミュニケーション　勁草書房
鈴木浩二　一九八三　家族救助信号　朝日出版社
Weeks, G. 1986 Individual-System Dialectic, *The American Journal of Family Therapy*, **14**(1), 5-12.

●参考文献

Hoffman, L. 1981 *Foundations of Family Therapy*, Basic Books, NewYork.（ホフマン　システムと進化――家族療法の基礎理論　亀口憲治訳　朝日出版社）

第6章 父性愛

1. 父性愛とは

女性にとって本能的で生得的なものとさえ言われてきた「母性愛」に比べれば、「父性愛」はむしろ観念的な親としての役割意識に支えられている部分が多い。わが国の場合、戦前までその基盤となっていた家父長制から解放された戦後の父親は、同時に社会的に承認された明確な観念的で内的な作業モデルとしての「父権性」（一家の長であり、他の家族メンバーとは異なる特別待遇を与えられ、子どもからは畏怖されるべき存在）も失うことになった。かたや、妻子が直接に肌身で体験している現代の「父性」は、長時間の通勤や労働によって疲労し、帰宅後の束の間の時間をみずからの心身の休養に当てる父親の姿でしかないことが多い。

ただし、戦後の民法改正による家族制度の変革によっても、それ以前に数百年にわたって幾世代となく続いてきたわが国独自の家族観やイエ意識まで根こそぎ変えられたとは考えられない。実際、公的あるいは法的には廃棄されたはずの観念的モデルとしての「家父長的な父性」は、家族の心のなかではその後も生き続けてきたのではないだろうか。少なくとも父親自身は、家父長制の幻影を必要としたと思われる。

このような父性の二重構造が存続し得たのは、敗戦が天皇を象徴的な「父親」とする日本という巨大な「拡大家族」そのものの崩壊を意味していたため、旧来の観念的モデルとしての「父権性」は死すべき運命にあったこと、にもかかわらず、日本の社会や文化の基底にある「本音」と「建前」の使い分けのスキルは、各種の占領政策によっても改編されることなく父親の本音の部分で温存されてきたことがひとつの背景要因として考えられよう。かくして、戦後日本における父性の二重構造は、表面的には民主的な父親の「ふり」をしつつも、旧来の家父長的な父親像を秘かな幻影として心の内に隠し持った、平均的な父親を輩出することになった。

しかし、「ふり」も長く続けば「虚像」の意味合いを失い、次第に「実像」に近づくか、少なくとも〈ペルソナ〉の役割を果たすようになる。子どもにとっても、彼らに見えている父親像（それがふりであっても）を、自らの父親の実像として取り入れ、それを前提として関係を結ぶようになる。配偶者としての妻も、仮性の「民主的父性」との相互作用を旨とし、夫の内的幻影である「家父長的父性」については不問に付すことができる。「父性愛」などという、言葉自体が不必要だったとも言える。その結果、平均的な父親は内的幻影の存在と役割を確認する機会を失い、やがて観念的モデルとしての「家父長的父性」

そのものも衰退していった。近年よく指摘される、存在感がなく〈影の薄い父親〉の増加は、このような見えざるシナリオに基づくものかもしれない。

では、今求められている父親像とはいかなるものだろうか。筆者は、それを英国の分析家医のレイランドが提唱している〈情愛に満ちた父親〉（loving father）に求められるのではないかと考えている。彼の定義によれば、それは、赤ん坊のすべての欲求や願望や空想や気分を父親に持ち込むのは赤ん坊の権利であることを認めるが、父子関係にふさわしくない父親自身の無意識的な欲求や願望や空想や気分の処理を赤ん坊に求めたりはしない父親を意味する（Layland, 1981）。

2. 父性愛の誕生

前述した「父性愛」の時代的変化というマクロな視点も、個々の家族の発達過程における父性愛の具体的な役割を検討することなしには、現実的な意味を持たない。そこで、家族発達における最重要課題のひとつである「出産」をめぐる父親の関与と、そこから誕生する父性愛について詳しく見ていくことにしたい。出産に先立つ妻の妊娠や、母体内部の胎児と父親との心理的相互作用、つまり父性愛の誕生についての研究は、まだその緒についたばかりとはいえ、米国ではすでに貴重な成果が報告されつつある。

ウィーバーらは、夫が妻の妊娠中に、生れてくる子どもとの関係を発達させることにより、父親になる準備をするかどうかを調査した（Weaver & Crankey, 1983）。対象は、米国中西部の大学主催の出産教室に出席した、まもなく父親になる一〇〇人の男性であった。その結果、生れてくる子どもに対する父親―胎児愛着行動の存在を立証した。また、父親の愛着行動と父親になる男性によって認知された夫婦間の関係の強さとの間に、正の相関を示した。この結果は、父親、母親と赤ん坊との間の絆をより密接にするために、妊娠中の夫婦間の関係を評価することの重要性を立証した。

最近の米国では妻の出産に夫が積極的に参加することを奨励するラマーズ法が普及したことを受けて、多くの病院が家庭的な設備を施した分娩室を準備して父親が出産に直接参加できるように配慮している。パークらによれば、父親が出産の過程で能動的にふるまうことで、母子が帰宅後も子育てにより多くの時間を割くようになるという (Parke & Sawin, 1976)。さらに、父親のなかにはできることなら自分でも赤ん坊に母乳を与えたいという気持ちになる者さえいるとのことである。

出産に立ち会った父親を対象とした研究結果は、おおむね父親も母親と同様に新生児には情緒的にかかわることを示している (Greenberg & Morris, 1974)。これらの実証された事実を根拠にして、出産時に「父性愛」が存在し得るものであり、自然な衝動であることを示唆する専門家が増えつつある (Hale, 1979)。かつては、女性にのみ委ねられていた新しい家族誕生の瞬間が、夫と妻が協働して取り組む努力課題へと急速に拡大しつつあると言えよう。社会に広く行き渡った母性本能の神話によって、子を産む女性が出産にまつわる全責任を負い続けてきたわけであるが、ここに来て父親も十分にその責任の一端を担う素質や潜在能力を持っていることが明らかになってきたのである (Robinson & Barret, 1986)。

「新しい父親」たちは、親になることの経験が彼らにとって劇的であり、また強烈なものであることを誇示し始めている。病院、デイケアセンター、学校などの社会的機関も子どもに関する決定に父親の参加を期待し始めているので、これに呼応する形で将来的にはさらに父親の積極的関与が増えるだろう、とロビンソンらは予測している。

上述したように、米国では出産時を中心とする父性の根本的な見直しが、机上の空論ではなく、現実レベルで進行しつつある。わが国にもラマーズ法をはじめとして類似のアイデアが一部紹介されてはいるものの、ごく限られたものでしかない。素朴に考えても、常日頃は受験勉強に追われ、時たまの余暇をファミコン・ゲームやテレビ・マンガで過ごした日本の平均的な中高校生が、レジャー・ランド化した大学でのモラトリアム期を経て、馬車馬のような企業社会に参入していく現状からすれば、男子青年が「父親になるための心の準備や訓練」をするための場所も時間も社会的には用意されてはいない。

父性愛を習得するためのわずかな可能性は、個々の家庭での教育や経験ということになるが、これとて現実の父性愛のモデルは、前述した存在感のない父親が多数を占めるという状況では、わが国における「父性愛の危機」は今後も改善される見込みは少ないと考えざるを得ないのかもしれない。日本女性が出産する平均の子どもの数が、一・五三人（一九九〇年度の政府統計）になり、将来の人口減少が確実視されるようになった事実の背景には、出産・子育てに父親の積極的な参加を期待できなくなった女性の無言の、しかし強烈な抗議とも受け取れよう。伝統的な性役割観に支えられた母性神話を脱して、父母両性による子育てという明確な「内的作業モデル」が必要とされているように、筆者には思われてならない。

3. 家族システムにおける父性愛の役割

本稿では父性愛に焦点を当てているわけであるが、やはり母性愛とまったく切り離して論じるべきではないだろう。また、同じ親としての連帯性もしくは配偶者としての夫婦の関係性が、父性愛と密接に関連していることについてもすでに指摘したとおりである。さらに、同じ夫婦の実子であっても、子どもの出生順序や特性によって父性愛の発現過程や子どもの側からの認知に違いが出てくることも当然予測される。したがって、父性愛を取り巻く諸要因は家族内だけに限定しても多岐にわたることになる。この複雑な相互作用に対応するための認知的枠組みとしては、家族システム論が最も有力である。

現在、心理臨床や精神保健の専門職の間では、家族全体を治療的援助の対象にすることが、ますます強調されるようになっている。その背景としては、「問題を持つ」と特定された個人だけを治療するよりも、家族全体を扱う家族療法的アプローチが効果的であることが確認されてきたからである。このアプローチは一九五〇年代に始まったが、当初は再発を繰り返す精神病の入院患者とその家族のコミュニケーション・パターンの歪みの改善が試みられた。やがて、患者の「症状」が家族の文脈内ではある種の役割を果たしていることに、初期の家族療法家たちは気づき始めた。家族によっては、患者の病状が改善すると今度は別の家族員が発症する場合などもあり、ともかく家族が病人を必要としているかに見受けられた。この状況を説明し得る理論を探るなかで、ベルタランフィーのシステム論の有用性が見出され、家族療法の発展とともに家族システム論が形成されていったのである。

この家族システム論からすれば、父親の行動を理解するためにも家族全体についての情報を得なければならない。たとえば、ある家族の事例を取り上げてみよう（亀口、一九八八）。

事例

小二のA男は、給食拒否に始まってその後は不登校に陥っていた。両親は問題解決を求めてA男と弟を伴って来談したが、積極的に状況を説明して治療的援助を要請する母親に比べ、父親は確たる発言もせず、まさに「存在感のない父親」であった。A男は、母親との葛藤関係のみならず、母親との関係が良好な弟とも張り合い、また仕事を理由に自分に構ってくれない父親にも不満を募らせていた。

面接を重ねるに従い、この家族が住んでいる家屋が建つ敷地内には父方祖父母と父の姉がすむ母屋もあり、母親が両家族間の不明瞭な心理的境界に影響されて動揺してきた経過が明らかになった。第一子のA男は、母親の動揺に巻き込まれて症状を呈していたのである。しかし、不安定であった母親は、夫が実家との間に一線を引くようになったことで心理的に安定し、A男の愛情欲求にも応えられるようになった。また、夫も、妻の心理的ストレスが、自分の実家との間の見えざる確執に起因していたことに気づいた。それをきっかけに、A男に対して父親としてのかかわりを強めるようになった。つまり、隣家に住む祖父母の息子としての自分よりも、妻子を持つ夫や父親としての自分の立場を優先させるべきだとの決断を下したことによって、この父親は「父性愛」を取り戻したのである。A男の誕生後まもなく、実家の隣に新築した家に住み始めた時点でなすべきであった心理的境界の設定作業を、父親が遅ればせながら達成できたとも言えよう。

本事例に示唆されるように、父性愛の危機やその克服の過程は決して単純なものではなく、家族システム内の構成員の複雑な相互作用の網の目のなかで展開していく。「父性愛」と言えども、父親個人の問題ではすまされないのである。

著名な家族療法家であるボウエンも指摘しているように、家族は過度に密着するか、遊離するかのいずれかになりやすい傾向を持っている（Bowen, 1966）。個人が家族のなかで機能できることが健康性の表われであると同時に、家族から区別し得る独自の個性を育てる内的な強さや態度にも気づいておくべきである。したがって、親としての課題のひとつには、子どもが個性を発揮できるように促し、それを土台にして家族からの分離が可能になり、しかも家族との心の絆を保って大人社会に入っていけるように方向づけることを加えておかねばならない。この点についての父親の役割は、相対的に見れば母親よりも重要視される必要があるかもしれない。なぜなら、個性を社会的観点から評価する尺度については、一般に父親のほうがより多く接しているからである。

いずれにしろ、父性愛の問題は、個々の家族システムの特性を考慮することなく論ずることはできない。その家族に期待される父性愛のあり様は、家族システムの特徴やスタイルに応じて異なり、また子どもの発達あるいは家族全体の発達とともに変化していくものだからである。このように見てくると「父性愛」

を一元的にとらえ、固定的な類型論を当てはめることが、いかに不適切であるかが理解されるであろう。より多元的で、柔軟性に富む多様な発想や視点を持ち込むことが、変動めまぐるしい現代における「父性愛」の理解には必須と言えよう。

4. 父性愛を育てる

父性愛そのものの基本概念が大きく揺らいでいる時に、それを育てようとすることは無謀な企てともいえるかもしれない。目標のイメージが明確でないことも事実である。にもかかわらず、筆者は父性愛を育てること、もっと大胆な表現を使うとすれば、父性愛の「デザイン」が必要な時代に来ているように思う。類似の発想の下に、詫摩は、『父親の技術』（一九八八）という一般向けの書を著わし、日本の平均的なサラリーマンが良き父親になるための具体的な技術を提供している。そこには父親の「基本スタイル」や非行への対応、勉強・受験へのつきあい方、子どもの将来のリードの仕方などが詳しく記されている。確かに、それらの指針にそった子どもへの接近を実行しようとする父親であれば、十二分に父性愛を発揮するに違いない。しかし、現実は計画どおりには進行しないものであり、父親が期待するようには子どもが動かないことなど珍しいことではない。また、この本でも出産期や乳幼児期といった子どもの発達初期の父親の技術については何も触れていない。

そこで、適切な父性行動のスキル（父性愛）の獲得を子どもの誕生時点から継続的に援助するための心理教育的な支援プログラムが望まれる。現時点ではわが国にそのような包括的な父性愛獲得のためのプログラムは存在しない。たとえば、父親が母親の育児行動を代行することも体験上は有効であろうが、それのみでは母親が二人いるようなものであり、ことさらに「父性愛」を強調する必要はない。やはり、われわれは子育てにおける「父性愛」独自の意味・役割を再度明確化しておくべきであろう。この点に関し、多少の私見を示しておきたい。

冒頭で、母性愛に比べて父性愛が生物学的あるいは身体的な基盤を欠くと述べたが、筆者としてはこの広く行き渡った前提を再検討すべきだと考えている。そのための鍵となる概念が「筋肉性」であり、具体的には肩車をしたり、馬になったりなどの「全身を使った遊び」である。子どもの発達にとっての遊びの意義は言うまでもないが、その重要な提供者としての父親の役割をここでは強調したい。俗に言う「スキンシップ（肌と肌の触れ合い）」を母性の本領とすれば、「マッスルシップ（筋肉と筋肉の触れ合い）」を父性愛の本領として明確に位置付けてはどうだろうかというのが、筆者の提案である。

すでに見てきたように、父性愛を支える制度的基盤を失い、それに代わる適切な観念モデルも存在しないとなれば、個々の父親が自分の身体のまるごとを通して生れたばかりのわが子とかかわり、遊びを共有することから、生涯にわたる「父性愛獲得」の発達課題を始める以外にないように思うのである。そして、そのかかわりをもっとも喜ぶのが子どもであり、母親とは異質な、もう一人のかけがえのない「親」との絆を結ぶ機縁ともなるだろう。

もっとも、そのような漠然とした指針だけでは、父性愛を育てる有効な援助手段とはなり得ないこともある。さらにきめ細かな援助のための実践的プログラムが作成され、一般に提供される必要がある。そのためにも、わが国における父性発達についての実証的研究の積み重ねがおおいに期待されるところである。

最近、私の研究室では父性愛の形成過程を調べるために、子どものいない新婚期の夫婦三二組と、第一子の出産をひかえた夫婦二七組を対象にした調査を実施した（大崎・亀口、一九九三）。その結果、新婚期の夫婦はともに夫婦間の心理的距離を同程度に親密なものとしてイメージしていた。第一子の誕生が目前に予定されている（妊娠九ヶ月）夫婦では、夫婦ともに夫婦間の心理的距離が新婚期よりも離れる傾向があり、その傾向はとりわけ夫の側に顕著であった。

顔の向きのイメージについては、夫婦だけの新婚期で、夫婦ともに向き合っているパターンが優勢であるが、子どもの誕生を控えた夫婦では、すでに胎児を家族の一員に加えて三者が向き合ったパターンが増加していることが確認できた。この傾向は、第一子誕生後はさらに強まり、とりわけ父親の示したイメージで、このパターンが支配的であった。また、誕生前から子どもを家族構成員として家族イメージに加えている事例では、子どもと両親それぞれの心理的距離は差が認められなかった。つまり、母子間と父子間の心理的距離が等しくイメージされていたことになる。

本調査では、試みに出産前の第一回調査時に、調査者が生れてくる子どもを代弁する形で、未来の父親へのメッセージを記したカードを一部の父親にプレゼントしておいた。その効果を検証したところ、カードを受け取った父親は、そうでない父親にくらべて有意に父子間の心理的距離をより親密なものとしてイメージしていた。また、興味深いことには、夫婦間の心理的距離についても、カードを受け取らなかった父親よりも有意に接近したものとしてイメージしていたことが確認された。

この調査結果は、対象家族のサンプル数が少ないために一般化できるほどの実証性を持つものではない。しかし、子どもの誕生を待ち受ける若い父親が、独自の意志を持った存在としてのわが子を想像する機会を得ることが、父性愛の形成に少なからぬ影響を与えることは示唆されたのではないだろうか。

また、幼児を持つ一八四家族を対象とした別の調査でも、若い父親(とくに三四歳以下)は、母親以上に子どもとの関係を親密なものとしてイメージしていることが明らかになった。しかも、その妻達は、家族内のパワーに関しては、やはり父親が家族内で最強であり、母親よりも優位にあるとイメージしていたのである。また、別の分析では、父親の親としての役割意識が高ければ、夫婦間の心理的距離をより親密にイメージする傾向があり、同時に子どもとの距離も親密である傾向が強くなることが分かった。つまり、父子関係の親密さは、夫婦関係の親密さと密接不可分な関係にあることが実証されていた。

この調査結果に見られるような新しい父親世代の出現は、前述した「情愛に満ちた父親」の台頭を期待させる有力な指標ではないだろうか。

●引用文献

Bowen, M. 1966 The use of family therapy in clinical practice. *Comprehensive Psychology*, **7**, 345-374.
Greenberg, M. & Morris, N. 1974 Engrosment, *American Journal of Orthopsychiatry*, **44**, 520-531.
Hale, N.C. 1979 *Birth of a family*, Anchor, Garden City, New York.

亀口憲治　一九八八『象徴的核づくり』による登校拒否の家族療法事例　鈴木浩二(編)　登校拒否　金剛出版
Layland, W. R. 1981 In search of a loving father, *International Journal of Psycho-analysis*, **62**(2).
大﨑知子・亀口憲治　一九九三　家族ライフサイクルの移行期における家族機能の心理的変化に関する研究　福岡教育大学紀要第四二号第四分冊　三〇一～三〇九頁
Parke, R. D. & Sawin, D. B. 1976 The fathers role in infancy, *The Family Coordinator*, **35**, 325-372.
Robinson, B. & Barret, R. 1986 *The developing father*, The Guilford Press, New York.
詫摩武俊　一九八八　父親の技術　東急エージェンシー
Viesti, C. R. 1980 An exploration of the psychological experience of expectant fatherhood. *Dissertation Abstracts International*, **41**, 715B 315.
Weaver, R.H. & Crankey, M.S. 1983 An exploration of paternal-fetal attachment behavior, *Nursing Research*, **32**, 68-72.

●参考文献

亀口憲治　一九九二　家族システムの心理学　北大路書房
サミュエルズ(編)　一九八七　父親　小川監訳　紀伊国屋書店

(本稿は、亀口憲治　一九九一「父性の誕生と危機」家族心理学年報9、七一～八四頁　金子書房　加筆・修正を加えたものである)

第7章

親を育てる子どもの苦労

1. 子育ての盲点

不登校や家庭内暴力などの、子どもの問題をかかえて相談に来られるご両親とお会いしている時に、いくどとなく痛感させられることがある。それは、子育てにも「盲点」があるということである。たとえば、母親が「この子は赤ん坊の時に、本当に手が掛からず、良い子だったのですが……」などと、子どもの問題が表面化していなかった時期の子育てを懐かしむことがある。そこに、盲点があることに気づかない親が結構多いのである。

たしかに、親にとって夜泣きを繰り返し、食欲の少ない赤ん坊の子育ては骨の折れるものであり、一方でそのような心配のない赤ん坊を持つ親が、子育てを楽なものと感じるのは当然かもしれない。しかし、楽な子育てのツケが回ってくることがある。親に子育ての苦労を味合わせなかった子どものなかには、親との心の絆を結べないまま、成長するものもいるからである。

あるタイプの障害児で、ぐずったりあるいは跡追いをしたりといった、母親の手をとらせる行動が少ないために、母親も自然と子どもを放任しておいたという例がある。母親にしてみれば、子どもがおとなしくしてくれている間に、家事や自分の用事をかたづけられるので助かるのは間違いない。親を困らせない「良い子」だといってもよい。ところが、このような母子の場合には、親子間の心の絆の形成という面からすると、大きなハンディーを背負うことになるのである。

子どもが泣いたり怒ったり、あるいは「あれして、これして」と頻繁に親に要求をつきつけてくるのに長時間付き合うことは、子どもへの愛情を十分に感じていても、やはり疲れるものである。しかし、その繰り返されるやり取りの蓄積によって、親子間の心の絆は文字どおり「太く」なっていく。逆に、親に手を取らせず、要求を示さない子どもは、それだけ親との絆を強める機会を失っているとも考えられるのである。これは、親の側にとっても同様の作用をもたらし、次第に子どもを構わなくなる。親の実感としては、「あの子はほうっておいても大丈夫だ」という安心感が支配的になるからだろう。

この安心感が、先程述べた子育ての盲点になる危険性を秘めている。その理由のひとつには、親への要求が少ない子どもの行動の特徴が、「自立心」や「自主性」の現れと錯覚される側面を持っている点があげられる。それらは、子どもの発達上の重要な課題であり、親の願いでもあることからすれば、誤解が生じるのも故なしとはしない。一人遊びができず、そばをくっついて離れない子どもにまとわりつかれて音を上げている母親にしてみれば、親離れの良い子どもを持つ母親は羨望の対象であろう。

ただし、親離れの良さと自立心とは全く同等ではない。表面的な親離れの良さは、人間関係の土台としての確固とした母子関係がまだできあがらないうちに、ある種の幼児的万能感にかられた行動の結果とも判断される場合が少なくない。ちょうど、糸の切れた風船のように勢いよく飛び出してはみたものの、何処に行くか分からず、結局つぶれるか行方知れずになる運命に身を委ねるしかなくなる。そこが、安定した母親像を母港として持ち、必要に応じて保護や補給を受けることのできる自立した子ども（この場合は独航船にたとえることができる）との違いである。そして、親が母港としての役割を果たすには、十分な準備体勢や緊急時の即応性を絶えず整えておかねばならない。

以上、述べてきたことを簡単にまとめると、一見楽そうな子育てにも落とし穴があり、結局、子育てには苦労がつきものだという平凡な事実に落ち着くのかもしれない。では、子育てで苦労するのは親だけだろうか。常識的にはそのはずであるが、少し違った見方もあるので、次にその論題を取りあげることにしよう。

2. ペアレンタル・チャイルドと呼ばれる子どもたち

〈ペアレンタル・チャイルド〉なる言葉に出会ったことのある方は、あまり多くないだろう。この用語は、私が専門とする家族療法ではよく使われるものの、まだ確たる日本語の定訳も無く、したがって一般化もしていないからである。その意味は、親の役割を代行する子どものことである。もっと具体的に説明すると、子どもが他の家族（親も含め）に対して、あたかも親がするような養育的な役割を意識的もしくは無意識的にとることである。特に、親に対して親役割の代行をする場合には、親子の役割が完全に逆転することになる。

なぜ、このような状態が生じるかというと、その家族が置かれている内外の状況から、親が情緒的に、あるいは身体的に、時にはその両方の面で弱っている場合にその面倒をみたり、危機にさらされている両親の夫婦関係を解決しようとする子どもの存在が必要になるからである。その役を引き受ける子どもは、普通は親にとっての「良い子」であり、また子どももその親の期待や評価に添うべく、懸命の努力を続けることになる。

かくして、ペアレンタル・チャイルドは、時には自分が子どもであることを忘れたかのような「大人びた」意識状態になることさえある。親役割への過剰適応とも言える状態である。当然、同世代の友人との自然なかかわりが難しくなり、次第に孤立する傾向に陥る。ここまで来ると、さまざまな不適応状態が発生する可能性が高くなる。典型的には、思春期以降に多い「優等生の挫折」と言われる不適応のパターンである。彼らは、家庭ばかりでなく、学校でも親役割に似た行動を取り、しまいに身動きが取れなくなってしまうからである。この危機的状態が長引けば、不登校や、心身症、あるいは家庭内暴力などの問題へ発展する可能性すら秘めている。

ペアレンタル・チャイルドに見られるように、子育てで苦労するのは親ばかりでなく、育てられているはずの子どもが、その苦労の一端を担っている場合もある。考えてみれば、どんな若い親も「親になるための教育や訓練」を正式に受けているわけではない。まして、核家族化が進行しているために、若い両親の身近に子育てについての助言や援助を受けられる適切な経験者がいることのほうが少ない。育児書などの情報も、一般的な知識にとどまり、個別の問題や悩みに答えを出してくれるものではない。

結局、親自身が手探りで自分の子どもの育ちを支えていかねばならない。そんな心許無い親の子育てにつきあってくれるのが、ほかならぬ子どもである。それは、親にとって子どもが掛け替えのないように、子どもにとっても親は掛け替えのない存在だからかもしれない。子どもが親によって育てられるように、親も子どもによって育てられる部分が、決して少なくないのである。その意味で、親子は共に育ち合う関係だと理解すべきだろう。

3. 第一子の苦労

ペアレンタル・チャイルドの第一候補は、何といっても両親にとっての初めての子ども、つまり第一子である。第一子は、生れたその瞬間から、親が親たるべき課題を与え続ける任務を背負っている。彼らは、未熟な親の第一回作品としての大いなる失敗の危険性と同時に、両親の多大な夢を実現するかもしれぬヒーローやヒロインとしての可能性も抱え込んでいる。わが国では昔から、あまり俊敏でない長男を表したり、または長男のぼんやり育つのを指したりするのに、「総領の甚六」という言葉が使われてきた。この言葉は、親代わりをするペアレンタル・チャイルドとは逆に、物の役に立たない子どもを表しているかのようである。しかし、少し掘り下げて考えてみると、彼らも親役割の一部を代行しているのかもしれない。

「甚六」の属性たる「俊敏でなく、ぼんやりしている」とは、確かに厳しい現実を生きていくには不都合である。にもかかわらず、このような言葉が存在し、実際に使われていること自体、その表現が当てはまる長男が珍しくないことの証でもある。これは、多くの親の第一子に対する大いなる（時に過剰なまでの）期待の裏返しであるように思われる。つまり、大人である親に取ってみれば、ささいな行動すらテキパキできない子どもは、大なり小なり「俊敏でなく、ぼんやり」しているように見える。とりわけ、かつての家族制度の下では、跡取り（親役割の象徴でもある）としての重責を果たしてもらわねばならない長男が、そのようであってもらっては困るのである。

しかし、同じ長男といっても気質や性格は十人十色であり、親の期待どおりに育つとは限らない。不幸にして期待どおりにふるまえない長男のたどる道は、やはり「総領の甚六」ということになる。では、この期待はずれの総領の役割は、何だろうか。家族システム論からすれば、いかなる家族成員も、家族システム（全体としての家族の情緒的関係を維持する仕組み）の平衡を保つ役割を持っていると考えられる。

おそらく、この甚六タイプの長男は、ペアレンタル・チャイルドが、親役割を一身に引き受けようとするのに対して、それを家族全体に分散させる役割を果たしているのではないだろうか。たとえば、悠長な兄に代わってはしこい妹や弟が、親役割を買って出るようになったり、親自身が子どもを当てにせずに親になりきるべく一層の努力を払ったり、時には祖父母が見かねて親役割を代行することもあるだろう。核家族の場合には、近隣の大人や知人が、親役割を代行することも考えられる。

つまり、甚六タイプの長男（長女の場合には「お嬢さん」タイプということになるだろう）は、自らはマイナスのレッテルを貼られることによって家族をはじめとする周囲の人間の、潜在的な親役割行動を賦活する任務を（たぶん無意識のうちに）果たしている。しかし、優等生タイプのペアレンタル・チャイルドと同様に、その役割への過剰な適応は、彼らを結果的には不適応状態へと追い込むことにもなりかねない。甚六というマイナス・イメージが定着することによって、彼らの自尊心は傷つき、偏狭な自己像しか持てなくなる可能性が大きいからである。

このような状況のなかでは、家族療法の分野で「兄弟階層の逆転」と呼ばれる家族病理が発生する危険性が増してくる。たとえば、思春期に多い拒食症などの事例では、拒食の症状に苦しむ姉に代わって妹や弟が親役割を明確に取ることで、当面の家族の危機を打開できるものの、症状や倒錯した役割の固定化が生じ、悪循環に陥ることも稀ではない。

以上の説明から、優等生、甚六いずれのタイプであれ、第一子の苦労は並みたいていではないことが理解いただけたのではないだろうか。それに加えて、兄弟が四、五人いた一昔まえと比べ、今日ではせいぜい二人で、一人っ子も多い少子化の時代にあることを考えると、ほとんどの子どもが第一子でなくとも、長男か長女ということになる。こうなると、昔のように第一子がだめなら他の子どもに期待する、というような安易な選択の余地はなくなる。親にしてみれば、第一子の子育ての成否が全てを決するほどの重みを持つことになる。したがって、必然的に親が子育ての失敗を恐れる気持ちを募らせて必要以上に過敏になり、時に育児ノイローゼにまで発展するのも頷ける。

ましてや、親（普通は母親）に育児ノイローゼになられた第一子は大変である。核家族で、他に頼るもののいない場合には、第一子にとっても、母親が子育てに自信を喪失する状況は、そのまま自分のピンチを意味する。してみると、少子化時代に生き残るための子育ては、母子ともに互いの過剰な負担や勇み足をチェックしながらの、上手な二人三脚ゲームだと理解したほうが良いかもしれない。そのためには、発達の初期から良好な母子間のコミュニケーションを確立しておくことが肝要になってくる。

4. 母子間コミュニケーション

母と子のコミュニケーションは、実はまだ胎児が母胎のなかにいる時からすでに始まっていると言われている。母から胎児へのコミュニケーション（働きかけ）については、古くから「胎教」という言葉が使われてきたように、一般にも注意が払われてきている。しかし、もう一方の胎児から母親へのコミュニケーションということになると、なにぶん姿の見えない相手のことでもあり、ごく最近までその内容は知られていなかった。それが、めざましい胎児医学の進歩によって次第に一般の人々にも紹介され始めたのである。まず、特殊な内視鏡やさまざまな測定機器が開発されたことによって、母体内での胎児の行動が相当詳しく調べられるようになった。その結果、胎児は従来考えられていた以上に、母胎内で活発な行動を展開していることが明らかになってきた。つまり、胎児はただ受け身で誕生の時を待ち受けるだけの存在ではなく、母胎という特別な環境のなかで、独自の行動を示す能動的な存在であることが分かってきたのである。当然、彼らの行動はさまざまな形で母親に伝えられ、影響を与えているはずなのである。ただ、その内容が現在のわれわれにはまだ、つまびらかになっていないだけの話である。いずれにしろ、母子は誕生のずっと以前から双方向の何らかのコミュニケーションを積み重ねていることは間違いないようである。

ある意味では、出産も母子双方のコミュニケーションのひとつの到達点だと考えられる。その瞬間が「分娩」であり、それに引き続く新生児の産声が、われわれが最初に聞く子どもからのメッセージである。この時点から、音声や表情を介した、通常のコミュニケーションも始まる。専門的には「母子間相互作用」と呼ばれる、母と子の触れ合いには、さまざまなレベルでのコミュニケーションが含まれる。

なかでもスキンシップによる母子の身体的接触は、心の絆を築くためにも必要不可欠だと言われており、子育ての土台となるべきものである。この土台を欠いた子どもは、絶えず不安感や恐怖感に悩まされることにもなる。ちょうど、浮き島の上を歩くときのような底知れぬ不確実感が伴うからである。同時に、母親にとっても、この土台が育児ノイローゼからの避難所になることがある。子育ての不安や悩みが生じた時に、柔らかなわが子の体をしっかり抱きしめ、優しくなでてやることで、母親自身が心理的な安定感を取り戻すことができる。

ただし、あまりに母親の不安感や抑うつ状態が強く、子どもが絶えず母親の安定剤代わりに抱きしめられていたのでは、子どもにとっては迷惑である。ここでも、ペアレンタル・チャイルドの素質を持った子どもは、自分のためというより、自分を必要とする母親のために、おとなしく抱かれることになる。そうでない、やんちゃな子ども（より子どもらしいと言える）は、さっさと母親のそばを離れて、自分のしたいことを始めるだろう。

幼児期以降になると、スキンシップだけでは子育ての土台はもろくなる。子どもの行動範囲は広がり、母子のかかわりだけではなく、他の子どもや周囲の大人との複雑な人間関係が加わってくるからである。そこで、子育ての鍵を握るようになるのが、会話による言語的コミュニケーションである。幸い、女性たる母親は言語的表現能力にたけている場合が多い。幼児を持つ母親は、その能力を駆使して飛び出そうとするわが子を言葉の力でつなぎ止め、あるいは身辺自立にかかわる行動を自分でするように、言葉でこまごまと指示を出すようになる。このやり取りの蓄積が、母子間の言語的コミュニケーションの基礎を確立し、子どもがのちに成人してからの社会生活におけるコミュニケーション能力の素地にもつながる。

しかし、多忙な生活に追われるあまり、子育ての効率化に走る母親は、無駄な言葉を省いて子どもの身辺動作を代行してしまう傾向がある。その結果は、予想されるとおり、小学校に上がっても、ひどい場合には中学生になっても、基本的な生活習慣が身についていない子どもができあがってしまうのである。そうなってから、子どもの依存的な行動を改善しようとしても、相当に困難であることは説明の必要はないだろう。子どもにとっても、それまで代行していてくれた親に、急に手を引かれれば当惑する以外にはない。コミュニケーションに関しても同様であり、家族療法の面接場面で、セラピストの質問に中学生の子どもが自分のことでありながら答えられずに母親のほうを見るシーンは、珍しくない。それまでは、必ず母親が代わって答えていたからである。

5. 父子間コミュニケーション

ここまでは、従来の子育てにかかわる論議を踏まえ、母子関係を中心に見てきた。しかし、子育ては母性本能のある母親の領分であるという、長く信じられてきた神話が、どうやら若い世代の親から徐々に崩れつつあるようだ。われわれの研究室で現在（一九九二年）進行中の調査研究によると、三四歳以下の若い世代の父親は、それ以上の年齢の世代の父親と異なり、母親と同等もしくはそれ以上に子どもとの心理的距離を近く意識していることが判明した。すでに、少子化時代に突入していることを、結婚前から十分に自覚しつつ父親になった世代は、子育てに無関心ではいられないのだろうか。それとも、夫に父親としての心構えができていることを確認したのちに妻が、出産に踏み切るからなのだろうか。今後研究が進展すれば、このような疑問も次第に解き明かされていくことだろう。いずれにしろ、今後は父親が育児に積極的に参加するようになる傾向が強まることははっきりしている。この「新父親族」と子どもとの間の心の絆がどのように結ばれていくのかは、大いに興味のわく話題だと言えよう。

母子間の絆の形成にスキンシップが重要であることを強調した育児書は、今では珍しくない。同様に、父子間の絆の形成にもスキンシップとは少し違うものの、やはり何らかの身体接触が必要ではないだろうか。筆者は、それを和製英語のスキンシップにならって、「マッスルシップ」と名付けた（亀口、一九九一）。その趣旨は、穏やかな皮膚接触による心理的な安定感を生み出すスキンシップに対し、マッスルシップのほうは、少し乱暴に子どもを宙に投げて受け止め、肩車をする、あるいは馬になって子どもを乗せるなど、むしろ子どもを興奮させて喜ばせるような類の、筋肉を使う身体接触の重要性を強調することにあった。

かつて、子どもたちは働くことの原点とも言える筋肉労働をする父親たちの姿を、そこかしこに見ることができた。子どもたちは、たしかに「父の背中」を見つつ育ってきた。しかし、今や職場で働く父親の姿を子どもたちが見る機会はほとんどないに等しい。せめて、家庭にあっては、父親が母親とは違うもう一人の親であることを、理屈抜きに全身の実感（マッスルシップ）を通して伝えることが求められているように思う。また、父親の側も、日頃の接触の少なさや、コミュニケーション不足が補われ、子どもの成長を直接の手応えとして感じとることができるはずである。

6. 夫婦を見つめる子どもの眼

母子、父子双方のコミュニケーションは、それぞれの特質はありながらも、全く無関係に展開するはずはない。ひとつの家庭のなかでは子どもを間に挟み、両者があるときは調和的に、またあるときは不協和音をかなでながら、それぞれの成長・発達を遂げていく。

「子はかすがい」とはよく言ったものである。夫婦の間で多少のいざこざがあっても、そこに子どもが登場すると、どちらかが子どもに話し掛けたり、あるいは子どものほうが無邪気な笑顔でかけよったりなどして、たちまち場面は転換してしまう。ところが、夫婦間の対立がもっと深刻化すると、夫婦のいずれか、あるいは両方が子どもをその争いのなかに巻き込むようになる。

たとえば、支配的な夫に対して柔順にしかふるまえない妻は、何かと子どもを味方に引き付けようとして、過度に密着した母子関係を作りあげてしまう。また、子どもが病気になることで、夫婦の対立が一時的に停止することが習慣化し、子どもが絶えず症状を訴えるようになるケースもある。少し違うパターンでは、子どもが万引きなどの問題行動を起こすと、それまで対立し、疎遠であった両親が、子どもの悪所をともに責め立て、束の間の協力態勢を取ることができるために、決定的な破局を逃れている場合もある。

いずれの場合も、間に挟まれた子どもが重い心理的負担やストレスを背負わされることに、読者はお気づきだろう。心身症や家庭内暴力、あるいは非行といった、表面的に見れば子ども個人の問題とも受け取られがちな現象の背後に、実は両親間の心理的対立が潜んでいることは、一般に予想される以上に、ずっと多いものなのである。また、これも常識となった観のある、母親の子育ての失敗論、いわゆる「母原病論」も一面的な解釈でしかないことが、理解されたのではないだろうか。

子育てが母親だけの役割であるという観点は、すでに過去のものとなりつつある。子どもは、母親と父親という別種の親をともに必要としている。ただし、それは実の親でなければならないという主張ではない。意識的にいずれかの親役割を果たす人物の存在があれば、良いのである。逆に、実の親がいても、その果たすべき役割を発揮していなければ、子どもの成長を促進しないばかりか、むしろ阻害的に作用する例すらあることを、心にとめておくべきである。

変動めまぐるしい現代社会にあって、親に課せられた子育ての課題は大きい。しかし、夫婦がともに協力して意欲的に取り組めば、子育てが他のいかなる人間の活動よりも、崇高でかつまた創造的な仕事であることを痛感せざるを得ないはずである。その親の成長ぶりを、子どもたちの眼がしっかり見据えていることを、われわれ親は忘れずにいたいものである。子どもたちも親のことでは、苦労しているのだから。

●引用文献

アメリカ夫婦家族療法学会（編）　一九八六　家族療法事典　星和書店

亀口憲治　一九九一　父性の誕生と危機　日本家族心理学会（編）　新しい家族の誕生と創造（家族心理学年報9）、七一～八四頁　金子書房

第Ⅲ部
家族力を育てる

ここでは、どうすれば必要とされる家族力を適切に育むことができるのか、考えてみたい。家族力とは、言い換えれば、家族のチームワークの良さと言うことになるかもしれない。ただし、普通のチームと違い、この家族というチームのメンバーはたいそう不揃いであることを考慮しておかねばならない。妊娠中の妻と夫は、外見上は二人のチームだが、すでに妊娠後期には、胎児を含む三人のチームができあがっていることになる。生れたばかりの赤ん坊を抱えた夫婦のチームは、生活リズムのまったく異なる新生児につきあいながらも、自分たちの社会生活を維持しなければならない。チームというには、まことにちぐはぐな関係なのである。足並みをそろえようにもそろえることが容易ではない。親としての苦労の始まりでもある。

さらに、このチームの複雑なところは、夫婦という同世代や親子の二世代だけではなく、祖父母を含む三世代の人々が関係するチーム編成になっていることにある。この複合世代チームの運営はそれほどたやすいものではない。なぜなら、世代ごとに前提とする「生活のルール」が同じではないからだ。子どもが思春期になるころには、たいがいの家庭で、その対立が表面化してくる。その調整の矢面に立たされる人物がこうむるストレスは、相当なものになることが予想される。不登校やひきこもりの事例では、その難役を子どもが引き受けていることもある。各メンバー個人の能力や責任に帰してしまうのではなく、家族というチームに内在する矛盾を克服し、新たなルールを発見する役割を特定の個人に押しつけるのではなく、相互の関係パターンを必要に応じて紡ぎ直す柔軟性が、家族という特殊編成のチームには求められているのかもしれない。

第8章

子どもを伸ばす家庭教育

1. はじめに

先頃ノーベル文学賞を受賞した作家大江健三郎の長男は、脳に障害を持ちながら、限りなく透明感のある感性豊かな作曲活動によって多くのファンを獲得しつつある。第一子である長男の誕生の時点から、大江は障害児の父親としての苦難の道を歩み始めた。当時の作品、『個人的な体験』の末尾は次の一文でしめくくられている。「それからバード（おそらく自身の分身であろう主人公の名前）は、本国送還になったデルチェフさんが、扉に『希望』という言葉を贈ってくれたバルカン半島の小さな国の辞書で、最初に『忍耐』という言葉をひいてみるつもりだった。」（二五一頁）。

察するに、思いもかけず障害児の父親となった若き日の大江は、この「希望」と「忍耐」という、二つの言葉を依りどころとして、自らの過酷な現実を生き抜こうとしたのではないだろうか。三十年の年月を経て、父子の、そして家族全負の労苦は報われたと言えよう。長男の二作目のCDが完成し、また自身の還暦を目前にして執筆中の作品を、最後の小説にすると表明した直後のノーベル賞受賞というタイミングも、まさに劇的である。

私は、この一連の大江家のエピソードのなかに、本論の主題である「子どもを伸ばす家庭教育」の、またとない実例を見る思いを強くしている。諸外国から、「顔のない日本」あるいは「個性の欠如した画一化した教育」という批判を受けてきた日本人の一人として、大江父子にようやく一矢を報いてもらったとの感慨に堪えない。これを好機として、私なりに子どもを伸ばす家庭教育に必要とされる事柄や問題点についいて考えてみた。

2. 子どもの能力

今では大学生と高校生になっているわが家の子どもたちがまだ小学生の頃に、ミヒャエル・エンデの名作『モモ』が大変な評判となった時期があった。最近ふとしたきっかけでこの本を再読した。子ども向けの本というには、相当に深い内容を持った作品であるが、子どもの能力や隠れた才能を理解するうえで示唆に富む部分も少なくない。次に、主人公モモの才能にふれた箇所を引用しよう。

「小さなモモにできたこと、それはほかでもありません、あいての話を聞くことでした。なあんだ、そんなこと、とみなさんは言うでしょうね。話を聞くなんて、だれにだってできるじゃないかって。

でもそれはまちがいです。ほんとうに聞くことのできる人は、めったにいないものです。そしてこの点で、モモは、それこそほかには例のないすばらしい才能をもっていたのです。

モモに話を聞いてもらっていると、ばかな人にもきゅうにまともな考えがうかんできます。モモがそういう考えを引き出すようなことを言ったり質問したりした、というわけではないのです。彼女はただじっとすわって、注意深く聞いているだけです。その大きな黒い目は、相手をじっと見つめています。すると相手には、じぶんのどこにそんなものがひそんでいたかとおどろくような考えが、すうっとうかびあがってくるのです。」

（二二頁）


おそらく、学業成績や競争順位でしか子どもの評価ができなくなっている教師や親にとって、モモのような子どもが現実にいたとしても、才能があるとも個性的とも受け取らないだろう。彼らにとっては、モモのような子どもの才能は現実的な価値を持たず、せいぜい、作り話のなかの主人公のキャラクターとして容認されるに過ぎないのではないだろうか。ともかく、モモに似た行動様式を示す子どもは、普通の大人から「良い点」を与えられないに違いない。

ここで、私には家族療法を通してこれまでに会ってきた数多くの不登校の子どもたちの姿が自然に思い出されてきた。彼らは、モモと同じように弱く、何もなく、自己主張もしないのである。しかし、不思議なことに両親や兄弟、あるいは祖父母が面接に参加して互いの感情を吐露し、時に食い違いが表面化するうちに、家族全体が互いの心情を理解できるようになり、やがて変化していくことを私は経験した。セラピストと同じように不登校児も黙って人の話を聞いていることが多い。自分の悩みや苦しささえ語らない不登校児もいる。安達（一九八八）は、モモに「メシア的な沈黙」を感じると述べているが、私は不登校児にそのような印象を持つことが少なくない。

不登校を続けていた中学生のK君は、やはりそのような雰囲気を持った子どもだった。彼は不登校状態が長期化したために、児童相談所に通っていた。そこで、家族療法を勧められ、看護婦の母親と建設作業の仕事の都合で単身赴任している父親、それに自活している兄も加わることになった。K君が自分から話すことは少なく、もっぱら母親が悩みを訴えることに終始しがちであった。しかし、次第に両親間の長年の心理的な葛藤が表面化し、兄が仲裁的な役割を果たすなどの動きも出てきた。面接場面のなかでは、K君がこれといった言動をとるわけではなく、他の家族の話を聞いていたに過ぎない。にもかかわらず、家族がそれまで各自の仕事に追われて口に出す機会がなかったはずの互いの胸の内を明かすようになった。

K君自身は、安定した再登校こそ達成できなかったが、もともと好きだった釣りに熱中し始め、足繁く釣り場に通い、その熱意にほれ込んだ年配の釣り人からさまざまな釣りのコツを伝授してもらうようになった。やがて、面接のなかでも、彼は卒業後「プロの釣り師」になりたいとの希望を述べるまでになった。その時点では、セラピストも両親も、彼の言葉を単なる願望としてだけ受け止め、好きな釣りに熱中することは肯定しておいた。家族療法終結後、しばらくの間は連絡が途絶えていた。しかし、驚いたことには、K君は中学卒業後、自分で見つけた太平洋に浮かぶ離島の民宿に就職し、釣りの案内人となって、訪れる遠来の釣り客の世話をしているという知らせを受けた。K君は、自ら発掘した釣りの才能を発揮するまたとない場所を得たのである。両親も末っ子のK君の出立をよくぞ後押ししたものだ。決断するには、相当な覚悟が必要だったはずである。

他の事例でも似たような経験が多いのだが、筆者にとって不登校の子どもたちは、周囲の親や教師だけでなく自分自身も分からない何らかの「能力」や「存在価値」を心のどこかで探し求めているように感じる。ただし、それらの能力は制度化された教育評価にはなじまない種類のものであることが多い。たとえば、家で飼っているペットの犬や猫の世話をしたり、病弱な家族の慰め役をしていたり、疎遠になりがちな家族員相互の関係をそれとなく取り持ったりする、などといった「能力」は、軽視されるか無視されがちである。したがって、不登校児は沈黙せざるを得ないのかもしれない。

このような人間関係の維持や改善にかかわる感受性や能力は、大なり小なり受験対策を意識せざるを得ない現在の学校教育では切り捨てられる運命にある。効率的な学力向上の観点からすれば、むしろそのような能力は障害になりかねないからである。しかし、増え続ける不登校児の存在は、世の親や教師に対して、無言の問いを発しているのではないだろうか。「私たちにだって、何かの能力があるはずなのに、学校ではそれが見つからない。どうすれば、見つかるのだろうか？」。彼らの秘められた固有の潜在的能力に、親や教師こそが気づくべきなのだ。

3. 子どもと家庭の個性

子どもの個性的な能力を問題にする際に避けて通れないのは、さまざまな評価基準のなかからどれを選択するかという問題だろう。個性を重視する場合には、数量的な尺度よりも、質的な評価基準にならざるを得ない。むしろ、行動のスタイルや表現様式の選択にかかわる問題だと考えるほうが適切かもしれない。その場合、たとえばフランス料理と中華料理のどちらが客観的に優れているか、あるいはジャズがクラシックよりも音楽的に劣っているか否かといった比較を試みることは意味をなさない。あくまでも、選択する主体の好み（まさに主観的な）が決定的要因となるからである。

個性は、明らかに客観的な測定が難しい美意識や美的判断にかかわる要素も含んでいる。したがって、何が個性的であるかについての判断基準は、人によって異なる。しばしば個性的だとされる人物は、いわゆる「世間の常識」から逸脱した部分を持つものである。とりわけ、日本のように何につけても平均的であることが尊重され、周囲の人間との差異を際立たせないことが人間関係を維持するうえでの基本的スキルとなっているような社会では、個性的たらんとすることは、社会的な逸脱行為とみなされる危険性をはらむことになる。

この異分子排除の原則は個人にとどまらずその個人を含む家庭（家族システム）にまで拡大され、地域社会のなかでの孤立を強いられる現象は、古くから「村八分」として知られている。現在であれば、学校や職場での「いじめ」がそれに相当するだろう。異分子を排除し、社会的な等質性を維持しようとする社会的システムは、わが国では第二次世界大戦での敗北とそれに続く大規模な社会変動をもくぐり抜けて生き続けていると言えよう。

したがって、個々の家庭の個性を伸ばす視点に立とうとすれば、それを実現する過程では時に社会的孤立も覚悟せねばならない。子どもの個性を伸ばすことと同様に、家庭の個性化の道も決して平坦なものではない。自分の家庭を他の家庭とは一味違ったものに個性化させようとする点で、夫婦の間に意見の一致を見ておく必要がある。誰もが受け入れ、気楽に消費するための大衆文化とは異なる、その家庭独自の文化、すなわち「家庭文化」を創造する主体として、夫婦が明確な意図やモチーフを持っておくべきだろう。夫婦にそれができなければ、子どもに個性を望むことはどだい無理な話である。

ただ、誤解がないようにしておきたいのは、ここで言っている「個性」は、天才や英才といったまれにみる才能を意味しているのではない。あくまでも、その子どもに固有の能力が発揮されることを指している。したがって、社会的に見ればかならずしも高い評価や称賛を得ることができないような、ちっぽけな能力であっても、その子どもが生き生きと表現できることであれば、それは立派な「個性」である。世間的な評価から切り離して、わが子の個性を認め、それを伸ばすには、両親がやはり自前の評価尺度を持っておかねばならない。つまり、家族の個性化の目的は、全員の自己実現にある。

もっとも、普通の夫婦にとって、子どもが生れる前から子どもの能力や個性を見抜き、それを適切に伸ばしていくための心の準備をしておくことなど、そうそうできるものではない。妻の妊娠後から、子どもの誕生・成長とともに徐々に家族も発達・成長するのであり、それとともに家族・家庭の個性化の課題が現実のものとなっていく。個性化を達成する課題は、長い年月をかけたマラソンのようなものかもしれない。子どもを走者とすれば、親はサポーターということになるだろう。このマラソンの特徴は、スタートした時にはゴールが定まっていないことである。走るうちに目指すべきゴールが見えてくるもののようである。

4. 親の役割

幼い子どもを持つ親が、日々の子どもの成長ぶりを見るにつけ、「この子は天才じゃないだろうか」と本気で思えてしまうということは、よく聞く話である。親の欲目という言葉もある。しょせん、親が自分の子どもの才能について客観的な判断をするのは難しい。しかし、子どもの潜在的な能力に対する親の主観的な、というより直観的な理解を軽視すべきではないだろう。親が希望と忍耐を持って子どもに接していけば、いつかどこかに、その秘めた能力の光り輝く瞬間を見出せると信じることが大切なのではないだろうか。

冒頭の大江健三郎一家のエピソードは、まさにそのような親の精神的な構えの重要性を実証したものと言えよう。大江夫妻は、息子を作曲家にしようとしたのではなく、重い障害のなかからかすかにのぞき出した創造の芽を大切に育んできたに過ぎなかった。しかし、子どもの成長を願う親としてのひたむきな働きかけがなければ、個性的な作曲家大江光の誕生はありえなかったことも疑いない事実である。大江は、幼児期の長男が散歩の途中で聞いた鳥の鳴き声に強い関心を示したことに気づき、以後は各種の鳥の鳴き声が録音された数多くのレコードを聞かせたという。その後もクラシック音楽に親しむ環境を家庭のなかで十分に整えておいたそうである。傑出した親ならではの「家庭教育」の実践である。

もっとも、手本が立派すぎて自分の家庭では実行できそうにないと尻込みされる読者もおられるかもしれない。そこで、私ごとで恐縮ではあるが、凡人たる私の個人的な家庭教育の例を御紹介したい。わが家では、主として妻が二人の子どものために絵本を探してくれた。参考までに、手元に残っている幼児期に与えた絵本の書名をいくつか挙げてみよう。『ペレのあたらしいふく』(一九七八、福音館書店)、『かばくん』(一九六二、福音館書店)、『おかあさん　だいすき』(一九五四、岩波書店)、『にいさんといもうと』(一九七八、岩波書店)などである。いずれの本も今読み返してみても、実に味わいの深い作品である。

まだ、子どもたちが文字を読めない頃は、妻が読み聞かせをしていたが、文字を読めるようになるにつれ、次第に自分たちでお気に入りの絵本や童話を楽しむようになっていった。その影響であろうか、就寝時には子どもたちから父親である私にもお話のリクエストが来るようになった。すぐには寝つけない子どもたちの枕元で、筆者即興の童話を語って聞かせるのである。童話といっても、実態は子ダヌキや子ギツネが必ず登場する「作り話」なのだが、子どもたちにはずいぶんと好評であった。

実はわが家の二人の子どもは、幼児期から児童期にかけての一年半をニューヨーク市郊外の町で暮らした経験を持っている。親もそうであったが、子どもたちも不慣れな異国での生活にとまどい、時に辛い目にもあってきている。帰国後は、いわゆる帰国子女としての再適応にかかわる問題も経験している。そこで体験した心の傷を癒す手段としても、絵本や童話あるいは即興の「お話」は有効であったように思う。

きわめて「個人的な体験」を述べてしまった。しかし、今日肥大化し、そして組織化されてしまった学校教育に対して家庭教育の独自性を追求するためには、普通の親が個々の家庭教育の体験を語り合う場を作り出すことが急務ではないだろうか。学校教育の下請けとしての家庭教育ではなく、それ自体の固有の意義が問われているように思われる。わが子を伸ばす最終的な責任は、やはり親にあるはずだからである。学校教育の不備をつくばかりでなく、家庭教育の責任者たる両親の間で、どれだけ真剣な教育論議が交わされているかをふりかえってみることも必要だろう。

意外に、夫婦の間で子育てについての会話がなされていないことが多いものである。また、議論が真剣になればなるほど、穏やかな会話ではなく、感情的な口論に発展することもあり、下手をすれば、夫婦の不和のきっかけになることすらある。しかし、両親がその危機を回避してばかりいては、その家庭独自の個性的な教育のポリシーは生み出されないだろう。子どもを伸ばす家庭教育の基礎は、夫と妻が互いの全存在を賭けて語り合うなかからおのずと形作られるのではないだろうか。子どもと共に親も伸びていきたいものである。

●引用文献
安達忠夫　一九八八　ミヒャエル・エンデ　講談社
ベスコフ・エルザ　一九七八　ペレのあたらしいふく　福音館書店
エンデ・ミヒャエル　一九八八　モモ　大島かおり訳　岩波書店

フラック・マージョリー　一九五四　おかあさん　だいすき　岩波書店
岸田衿子　一九六二　かばくん　福音館書店
大江健三郎　一九六四　個人的な体験　新潮社
ゾロトウ・シャーロット　一九七八　にいさんといもうと　岩波書店

●参考文献

十島雍蔵・十島真理　一九九三　『モモ』が語る空我論　鹿児島大学文化報告　第二九号第一分冊、五五―七六頁

第9章 ―父親の新たな役割とその機能―

1. 父親と母親の同質化

現代の子どもにとって、父親はどのようにイメージされているのだろうか。心理学者の深谷（一九九三）は、全国二〇〇校の小学五年生三〇〇〇名を対象として、子どもの目に写る父親の姿を調査している。その結果、夕食の時に父親を待つ、ご飯を父親からよそう、あるいは風呂に最初に入るなどの割合は少なく、大黒柱として父親が家庭のなかで「立てられる」状況は姿を消している。「頼りになる」や「やさしい」といった属性についても父親と母親の共通した属性ととらえられていることが注目される。

同じく深谷の中学生を対象とした調査データでは、全体として中学生が両親を信頼していることや、中でも母親への信頼が篤いことが確認された。父・母のイメージについての調査結果では、両者のイメージが重なっているのがさらに明らかになったと報告している。つまり、中学生にとって父親と母親は共に「頼りになり、尊敬でき、やさしい」ということになり、父親と母親の同質化が進んでいることが分かる。

しかし、子どもにとって両親が同質化してきたといっても、父親の子育て参加の度合いは、母親にくらべれば極端に少ない実態であることを無視することはできない。もし、ごく短時間の接触で母親と同等の役割を発揮し、尊敬されているのであれば、日本の父親の実力は相当なものだということになる。残念ながら、実態はそうではなく、子どもたちにとって、接触の少ない父親からは、母親と異なる特徴的な属性をつかみとることができずに、同じような「親イメージ」をただ自動的に当てはめているだけなのではないだろうか。それを裏付けるかのように、小学生を対象とした深谷の国際比較調査の結果によれば、欧米の子どもに比べ、日本の子どもたちの未来像（幸せな家庭を作る、よい親になる、仕事で成功する等）は暗くなっている。子どもから、仕事もしっかりしているうえに家庭的でもあると見なされている父親の存在そのものが、子どもに父親を越えにくくさせているのかもしれない。つまり、そのような物分かりの良い父親は、越えるべき「壁」としての父親を体験する機会を子どもに与えることができず、子どもが自らの手で苦難を乗り越え、未知の世界へ飛び込む意欲をそいでいるのかもしれない。皮肉な話である。

九〇年代後半から長期化する不況やリストラの進行によって、突然に職を失う父親も少なくないはずである。人減らしによって、仕事だけが増えて過労状態に陥り、果ては鬱病や自殺にまで追い込まれるような不幸な事態も生じている。大人のモデルである父親たちが生き生きと生活する姿を成長期の子どもが直接目にする機会は、高度経済成長期に比べればずっと減ってきているのかもしれない。

2.「父性の復権」という発想の登場

バブル経済崩壊後に、少年による殺害事件が続発したことなどを背景として、強い父親の復権を求める著作『父性の復権』（林、一九九六）が社会的な注目を集めたことがある。この傾向に賛同するにしろ、あるいは異を唱えるにしろ、これまで、母親の役割にもっぱら関心を集中してきた世論が、少しずつではあるが変化してきている証拠である。

子どもの問題に関しては、母親役割、あるいは母子関係に関心が限定されてきたことは否定できない事実である。時に、父親についての言及がなされることはあっても、例外的で特筆すべき特徴を備えた人物であることが多い。いわゆる「普通の父親」に共通するような問題点が、不登校や家庭内暴力等の多発する子どもの心理的問題を解決するうえで、個々の事例ごとに詳しく検討されることは少ない。まして、子どもの問題で父親がカウンセリングに継続的に参加することなどは期待できないし、カウンセラーの側でもあまり進んで父親面接を行おうとする傾向は見うけられなかった。

しかし、徐々にではあるが、父親が母親とともに教育相談やカウンセリングの場に姿を現すようにもなっている。すでに家族療法や家族カウンセリングを実践している相談機関では当然のことであろうが、個人面接しか行っていない相談機関にも、問題をかかえた子どもの母親が夫を伴って来談する傾向が増えつつあるという。父性の復権というほど、その姿は勇ましいものではない。しかし、これまで無視あるいは阻害されていた父親の肉声が、カウンセリングや教育相談の場で聞こえ始めたことは、喜ばしい兆候である。東京大学付属中等教育学校における筆者らの臨床実践においても、両親合同の面接が不登校などの問題解決に有効であることが確かめられつつある（亀口、二〇〇〇）。

なぜなら、復権すべき父性とは、何も「強い父性」に限る必要はなく、子どもに向き合おうとする父親であれば、「気の弱いお父さん」であっても少しも構わない。最低限、子どもの問題から「逃げない父親」であれば、父性を復権させる基礎資格を有していると考えたい。それを支えられるか否かは、問題解決を支援するカウンセラーや教育相談担当者の腕次第ということになる。

3. 母性神話の崩壊

父性の復権が唱えられるのと同時に、母性神話の崩壊やその弊害が指摘されるようになってきた。かつて女性が子どもを産めば、誰でも母性本能がほぼ自動的に湧き起こり、子育てに専念するものと一般に信じられていた。いわゆる母性神話の存在である。しかし、その神話は、育児ノイローゼに陥る若い母親の急増によって急速に崩れつつある。

たしかに妊娠・出産という生理的過程を経て、女性は母親になる。しかし、母性の発達は生物的本能や生理的な要因によって一様に規定されるのではなく、むしろ女性一人ひとりが母親になることをどのように受け止め、それを自分の生き方や生活の中にどのように位置づけるかによって異なるものと考えられるようになってきている（大日向、一九九一）。この母性発達の過程に、夫婦関係の良否や夫の育児参加の度合いが、何らかの影響を与えるだろうことが予測されているものの、まだこれを裏付ける実証的なデータがそろっているわけではない。

大日向らの母性発達の研究は、その先駆的なものであるが、母親の育児不安と夫の育児参加の関係についても詳しい実態調査を行っている。その調査結果によれば、育児不安の高い母親の場合、夫の育児参加は全般的に少ない傾向がある。また、母親が育児不安を訴えた時の夫の態度については、「一緒に考え、一緒に改善の努力をしてくれる」時に、母親の育児不安は最も低くなることが確認された。次に、夫婦間の愛着との関連性の結果を見ると、育児不安が低い群は高い群に比べて、夫婦の間で「言いたいことを言い合える」「つらい時助け合える」「信頼し合っている」の三項目で、特に評定値が高いことが確認されている。

いずれにしろ、夫婦間の心の絆や夫の協力的な態度と無関係に、出産後は母性本能が自動的に駆動して育児を遂行するという「母性神話」は、もはや現代の育児場面においては通用しないと見るべきである。人によってはこの傾向を、若い世代、とりわけ若い母親の「努力不足」として片づけようとする嫌いがなくもない。しかし、性別分業思想が根強い日本社会では、夫婦で協力して子育てをしようとする意識そのものが育っていない点にこそ問題がある、と指摘する研究者やジャーナリストは数多い。

一九九二年度から施行された育児休業制度のある企業や事業所で、妻が出産した男性社員のうち育児休業をとった者は、九三年度は一万人中わずか二人、九五年度にはやや増えたとはいえ、一六人に過ぎない。さらに驚くべき数字として、共働きの夫婦の生活時間調査（専業主婦にあらず）では、家事・育児・介護にかかわる時間は、妻が四時間一七分に対して夫はわずか一九分であった（総務庁社会生活基本調査、一九九一）。九四年に実施されたNHK放送文化研究所の国際比較調査によれば、先進諸国の中で、日本男性の家事参加の低さは際立っており、アメリカやイギリス等の男性の四分の一程度であったことが報告されている。

したがって、日本の子育ての現状において、母性神話はすでに崩壊しているにもかかわらず、企業をはじめとした男性中心社会の側は、いまだに母性神話に依存しようとする弊害がいっそう顕著になりつつある。日本版金融ビッグバンに見られるように、社会構造のグローバル・スタンダードへの移行が目前となっているなかで、日本の父親のあり方も、今後内外から急速な変革を迫られるのではないだろうか。あいついだ少年による残虐な事件は、その予兆と感じられてならない。大日向も指摘しているように、母性が価値的な概念として広く認識されている社会状況を変えずに、かたちのうえでの夫婦共同育児を推進しても、子育てを通して男女が真に内面的な成熟を達成することは難しく、育児をめぐる問題を根本的に改善することは難しいのではないだろうか。

4. 父親としての自覚

「一四歳」や「一七歳」という年齢は、すぐさま「事件」を連想させるほど、多発する現代の子どもの問題を象徴する年齢となった。この年齢の子どもを持つ父親の平均的な年齢は、四十歳代前半である。したがって、すでに五十歳代に突入した団塊世代の次の世代、いわばポスト団塊世代の父親層が思春期の子どもの問題に直面し始めていると考えられる。団塊世代の父親たちが幼児期や児童期に戦後の社会的混乱や極度の物不足、あるいは同世代内での大競争に投げ込まれた発達初期の体験を経ているのに比べれば、ポスト団塊世代の父親はすでに、日本経済が高度成長期に入り、物質的な豊かさを享受できる社会で子ども時代を過ごしている。いわば、物質面でのハングリー体験を欠いた世代である。この世代の父親の子ども達が思春期になり、これまでとは質の異なる心理的問題に直面するようになったことには、われわれが解明すべき謎がある。考えてみれば、父親自身にハングリー体験がなければ、その子どもが進んでそのような体験をすることは、よほどの非通例的な出来事を経験する以外は、難しいのではないだろうか。もちろん、すべての子どもの心理発達にハングリー体験が必須だとは断定できない。しかし、思春期の発達課題を達成するために何らかの「通過儀礼」を体験することが必要であることについては、議論の余地はないだろう。

つい最近まで、現代の日本社会が子どもたちに豊富に提供してきた通過儀礼は、「受験」だったのかもしれない。しかし、一八歳人口の減少とともに大学全入時代がまもなく到来することは確実であり、やがては通過儀礼としての役割も失われることだろう。すでに、学校や塾で日常的に繰り返されるテスト体験は、子どもたちに非日常的どころか「終わることのない日常」を予感させてしまっている。そこには、未知の世界への欲求や渇望、あるいはわくわくするような夢が生まれる素地はきわめて乏しいのではないだろうか。多くの子どもたちが心に描けるのは、ひとつの門をくぐってもまた次の門が待ち受けていて、ただそれを繰り返すだけの、まるで疲れた中高年サラリーマンが抱くような人生のイメージなのかもしれない。

そうだとすれば、子どもたちが潜在的に成熟拒否の心情を増幅させ、むしろ幼稚化する傾向にあることを、誰が責められるだろうか。いまや、わが子が精神的な意味において「大人」になるための通過儀礼を自ら提供する自己責任を、父親あるいはそれに代わる養育者が母親とともに負わねばならない時代になったのかもしれない。もう、妻任せ、人任せにはできないのである。さりとて、普通の父親が覚悟を決めて子どもに向き合っても、どう対処してよいか分からないものである。そこで、妻の助太刀が必要になる。事前の打ち合わせが肝心なのは、「仕事の論理」と同じである。そのためにも、妻とのチームワークが大切であり、いささか古めかしい表現ではあるが、「夫婦和合」の精神こそ、問題解決の鍵を握っている。

その際に、大きな障害になるだろうと想定されるのは、父親自身が明確な「父親モデル」を心のうちに持っていない場合である。実際、カウンセリングの場に登場する父親が、「私も子どもの頃、父親と話をしたことなどありませんでした」と語ることは、少なくない。「にもかかわらず、私はここまで来た。それで不都合はないのではないか。母親（妻）さえしっかりしていれば、子どもに問題は生じないはずだ」というのが、父親たちの本音なのである。ここにも、母性神話の残骸が影を落としていると考えられる。父親自身の心の内側で、母性神話が生き続けていれば、それは強固な内的モデルとして機能し、妻の母性行動に対する判断基準を構成するはずである。つまり、父親モデルの欠如は、神話化された母親モデルによって自動的に補完される仕組みを持っている。さらに、それは妻の母性行動との比較に移しかえられ、子どもに問題が生じた場合には、すぐさま、妻の母性性が欠如しているのではないかという仮説設定に至ることが多い。したがって、父親自身に父親モデルの欠如が、自ら克服すべき人生の課題として自覚されるチャンスは少ない。

しかし、父親が妻とともに家族カウンセリングに参加して子育ての問題に取り組めば、その体験を通して、借り物ではない自前の父親モデルを模索することが、重要な人生の課題であることに気づくことが多い(日本家族カウンセリング協会、二〇〇二)。不登校や家庭内暴力などの問題に対する対処を妻任せにせず、夫婦が協働して取り組むことによって、その父親独自の内的な「父親モデル」を発見あるいは創造することが可能になる。もっとも、当の子どもの協力なしには、独りよがりな「父親モデル」になってしまう。わが子が必要としている個別の「父親役割」とは何かを自問自答しつつ、まずは、わが子の内なる「声」に虚心に耳を傾ける必要があるのではないだろうか。

厳しい現実社会からの要請に応えることだけでも精一杯の状況に置かれた平均的な父親にとっては、「父親であることの自覚」という学習課題に直面するのは容易なことではない。その意味では、子どもが不登校などの問題行動を示した場合などには、それを、むしろチャンスととらえて積極的にこの課題に取り組むことができるのではないだろうか。家族療法や家族カウンセリングでは、「肯定的リフレーミング」という言葉で、このような逆説的な発想を概念化し、実践的な技法を生み出してきている。今後は、予防カウンセリングの観点から、多くの父親が問題の発生を待つことなく、父親であることの学びの場に参加するようになることが、おおいに期待される。

●引用文献

深谷昌志　一九九三　変わりつつある父親像　発達、第一四巻、五六号、三～一四頁
林　道義　一九九六　父性の復権　中公新書
亀口憲治　一九九二　家族の問題　人文書院
亀口憲治　一九九七　現代家族への臨床的接近　ミネルヴァ書房
亀口憲治　二〇〇〇　家族臨床心理学――子どもの問題を家族で解決する　東京大学出版会
日本家族カウンセリング協会　二〇〇二　家族カウンセリングのすすめ　子どもの来来
大日向雅美　一九九一　子どもの誕生は結婚生活にとって福音かストレスか　日本家族心理学会（編）新しい家族の誕生と創造　金子書房、二五～三八頁
総務庁社会生活基本調査　一九九一　総務庁

第10章

中年期の親子関係

1. 中年期の親と子どもとの関係

佐賀のバス・ハイジャック事件や愛知の母親撲殺事件など、多発する少年による狂暴な事件の報道によって、彼らの家庭環境が次第に明らかになりつつある。これらの少年の家庭は、決して「崩壊家庭」と呼ばれるような目立った問題をかかえていたわけではない。全国どこにでもある家庭と、さほどの違いがあるようには見えない。この点が、多くの子どもを持つ中年期の人々に強い不安感を抱かせる要因になっているようだ。つまり、「自分の子どもも、ひょっとするとあのような大それた事件を突然起こすのではないか」といった危惧を、心のどこかで感じているらしいのだ。それまで、仕事中心で子育ては妻任せにしていた中年男性でさえ、リストラの不安とわが子の心の闇への恐れが重なり、相談機関を訪れる傾向がこのところ強まっている。そこで、中年期の親が子どもとの関係をどのように再考すればよいか、あるいは治療・援助にあたる専門家がどのように理解しておけばよいか考えてみたい。

一七歳事件の少年たちには共通して、いじめや不登校の体験があるにしても、そのような状況に陥る前には、周囲の大人からおおむね「よい子」と見なされていたことがうかがえる。決して、粗暴で聞きわけのない「悪い子」ではなかった。子育てを始めたばかりの若い母親であれば、幼いわが子にそのように育ってほしいと期待するであろう、「理想の子ども像」にぴったり当てはまる子どもだったと、理解してもよいだろう。

そのようなよい子が、なぜ大人になろうかという年齢になって、世間を仰天させるような、あるいは意図的にそれを狙ったような事件を起こすまでに至るのだろうか。それまでの家庭環境の要因は、どのように関係しているのだろうか。本論では、子どもの人格的な成長にとって家庭環境の何が最も重要であるかを、中年の親との関係にまで立ち入って考えてみたい。ただし、それは犯人探しや家族の病理をこれみよがしに暴きたてるためではなく、悩みをかかえた中年期の人々が子育てに希望が見出せるような、「心の闇」を照らし出すささやかな、ともし火を提供するためである。

断るまでもないことだが、ここでは物質的な家庭環境を問題にしない。あくまでも、子どもにとっての心理的環境としての家庭を取り上げ、その問題点を整理する。昨今の子育てにかかわる社会問題としては、児童虐待の増加も深刻に受け止められている。実際には虐待にまで至っていないにもかかわらず、わが子を虐待してしまいそうだと訴える若い母親の声が、育児雑誌の投書欄などには多数寄せられている。また、その切実な悩みを夫にも打ち明けられないでいる妻の存在が、無視できないほどになってきているそうだ。虐待の対象がわが子でなく、他家の子どもに向けられることもある。極端な例としては、四年ほど前に東京都文京区で、母親どうしの心理的葛藤をきっかけとした幼児殺害事件が起きている。この場合にも、加害者となった母親が育児の悩みを率直に夫に打ち明け、夫がそれを正面から受け止めていれば、未然に防ぐことは可能だったはずである。

このような問題が続発する要因のひとつとして、多くの夫婦がいまだに旧態依然たる母性神話にとらわれていることを指摘できるだろう。つまり、「子育ては母親が最優先にすべき課題であり、子どもを生んだ母親自身が養育に当たることが母子双方にとって最適なのだ」という、日本の社会全体で共有された「幻想」の力はまだ衰えていないようだ。そこでは、父親、あるいは、それに代わるもう一人の養育者の役割が不当に軽視されている。「完璧な母親」になりきれない母親たちの苦悩は深く、パートナーたるべき夫からも、多忙や疲労を理由に心理的な支えを得ることができずにいる。このままでは、孤独な育児の闇は広がりこそすれ、光明の兆しは訪れそうにもない。

このような家庭環境が、子どもの成長にプラスに働くとは誰しも考えないだろう。にもかかわらず、育児をめぐる状況に期待する変化が生じないのは、父親の側にも責任がある。父親たちが、この件について深く考えることをしないでおくかぎり、事態は変わらないからだ。実は、父親たちも気づき始めているのだが、日常の業務に追われ、じっくり考える余裕を与えられていないことが、最大の問題かもしれない。この一点では、父親（もしくは母親）を雇用している企業側の責任は大きい。「全社をあげて子育て支援に取り組もう」などといったスローガンをかかげ、実行に踏みきる企業が現れることを、ぜひとも期待したいものである。おそらく、このような企業の姿勢に変化が生じない限り、少子化の問題も決して解決しないのではないだろうか。少子化の進展は、家庭環境の保全によってのみ克服できるというのが、私の持論である。その活動の主役は、当然ながら夫婦もしくは、子育てパートナーということになる。けっして、「良妻賢母」の一人舞台ではないし、当の子どももそれを望んではいないはずだ。

2. 親自身の思春期心性との再会

「良妻賢母」という言葉は、戦前の儒教思想に由来するものである。また「よい子」も同じく儒教思想の根幹をなす「孝」を体現する「母親孝行」な子どもを意味している。しかし、儒教思想と決別した戦後の日本の社会では、「よい子」作りを目標とした「良妻賢母」による子育ての限界が、大人への入り口である思春期に露呈することが多い。中学生ともなれば、屈託なく互いによい顔だけを見せ合っていられる場面は、急激に少なくなる。とりわけ、思春期の子どもにとって、友人とのかかわりは重要である。その関係作りにとって、自分と母親との間の関係そのものが障害になることも少なくない。いわゆる「忠誠心の葛藤」である。母親によい顔を見せないことが、友との友情の証になることもあるからだ。

母親の側では、子育ての成果を確認する晴れ舞台として、子どもの学業、スポーツ、芸術表現などでの成績や評価に関心を向けずにはいられない。外的評価を無視して、「子どもが元気でさえいてくれればいい」などと、心底思っていられる母親は、それほど多くはないだろう。とりわけ、中学あるいは高校受験という現実に直面するようになると、母親が心の余裕を持ち続けることは、いっそう難しくなる。わが子の期待はずれの学業成績や偏差値を見せられても、よい顔を続けることは至難のわざだろう。むしろ、落胆の表情を率直に示すほうが、自然かもしれない。中年に達した良妻賢母の自信が、揺らぎ始める時期である。相対的評価にさらされれば、いくらわが子がせいいっぱいの努力をしても、他家の子どもの成績次第で、低い評価に甘んじなければならないからである。この辺りから、表面的な母子関係と深層部分でのそれが、食い違い始める場合が多い。

これは、何も問題のある家庭だけの話ではなく、児童期の親子関係から、思春期の子どもと中年期の親との関係に移行する際に、どの家庭でも程度の差はあれ、直面する課題である。たいへん大雑把な言い方ではあるが、小学四年生の頃までには、多くの平均的な家庭で「よい子」を育てる当面の目標が達成されると理解しておこう。この一〇歳前後の年齢段階というのは、一般的に基本的な身辺自立が確立し、家庭と学校での適応がほぼ安定する発達段階だとされているからである。共働きをしながらの子育てをしてきた母親は、ようやく一息つけるようになっているだろうし、専業主婦に甘んじていた母親も、ぼつぼつパートに出てみようと考える余裕が出てくる時期でもある。しかし、ここから先は「子育て」ではなく「大人育て」、つまり、わが子を「大人」にするための課題が待ち受けている。

さて、子を持つ親となって、兄弟姉妹の性格あるいはパーソナリティの違いに関心を持ったことがないという人は、まずいないはずである。パーソナリティという言葉のラテン語の語源である「ペルソナ」は、もともとギリシャ演劇で使われる「仮面」を意味していたことは、周知の事実であろう。現実社会という舞台で、日々演じられているドラマの登場人物であるわれわれ一人ひとりの性格は、実は、社会的に適応するための「仮面」の要素を多分にもっている。つまり、それは素顔ではなく、よそ行きに作られた、「見られるための顔」である。女性にとって身近な化粧（素顔を隠し、より美しく装うための行為）や、身にまとう衣服を例に取れば、性格や行動のスタイルには、他者からの視線を意識して作られる側面があることは、容易に理解されるだろう。

では、他人を意識しない、あるいは、見られることを前提としていない、性格の素顔にあたるものは何だろうか。そして、それはどのようにして知ることができるのだろうか。素顔を見せられる相手は、普通はごく限られた家族などの身内であることが多い。素顔を見せることは、自分が欠点と感じている部分、あるいは、醜いと恥じているような部分さえ、さらすことにもなる。そのような自分にとっての「負の部分」をも、受け入れてくれる相手であることが信じられなければ、家族でさえ素顔を見せたくないものである。なぜなら、仮面と違って素顔は取り替えがきかない代物だからである。

子どものなかには、親からの拒否的な反応を恐れてありのままの自分を出せず、親が期待し、望むような「よい子」を懸命に演じているものも少なくない。他人と違って、親からうとんじられれば、非力な幼い子どもには、他にとるべき選択肢はなく、よい子になる以外に、道は残されていないとも言える。ここで、疑問を抱かれた方もいるのではないだろうか。つまり、「よい子になろうとすることのどこが悪いのか。親としても、わが子をよい子にしようと育てることがいけないというのであれば、どう育てればよいかわからなくなってしまうではないか」という、抗議の声が聞こえてきそうだ。もっともである。私が問題視しているのは、あくまでも「親にとって都合がよい子ども」のことであり、身辺自立が確立している子どもの「よい」部分を否定しているのではない。

実はこの矛盾のなかにこそ、昨今の社会問題となっている一七歳の凶悪事件に至る子育て問題の、最大のポイントがある。親として、幼いわが子を「よい子」に育てたいと願い、そして、そのように働きかけることは、しごく当たり前であり、親としての義務でもある。しかし、その論理が無理なく通用するのは、小学校四〜五年生頃までだと理解しておく必要がある。それ以後、思春期に突入する子どもに対して、それまでと同様の「よい子」を期待・要求し続けることは、その後の心の成長に大きな影を投げることになるからである。

一七歳になるということは、子どもから大人にさらに一歩近づくことを意味する。しかし、残念ながら、子育ての成果としての「よい子」が、そのまま「よい大人」にスムーズに移行していく保証はない。大人を成虫の蝶にたとえるならば、どんな幼虫もいったんは子どもとも大人ともつかない、あの異形の「さなぎ」の状態を経ることを避けることはできないからである。反抗期という言葉で一般にもよく知られている、思春期の中高校生の心理や行動の特徴は、まさに、親や教師には受け入れ難い異形の側面を持っている。中学生に育ちあがった自慢のわが子が、ある日突然、それまでのよい子の仮面とはおよそ縁遠い、金髪やいわゆるガングロで彩られた「仮面」をつけて目の前に現れ、度肝を抜かれた親の存在も、それほど珍しいことではない。さなぎ状態のわが子と向き合う親の悩みは、かなり深刻である。

しかし、そのような異形の仮面を親や教師につきつけず、反抗的態度などみじんも示さない中高校生もいる。親や教師にとっては、そのような子どもはまことにありがたい存在である。親孝行の見本のようなものである。親としては、評価しないわけにはいかない。子どもにとっても、自分の存在価値を認めてくれる、親の熱い期待を裏切ることはできない。すでに周囲の大人への反抗をむき出しにしている他の同級生と異なり、親に心配などかけられないのである。反抗的態度を示し、明確な自己主張をすれば、大切な親を悲しませるだけでなく、親からの肯定的評価を前提として維持してきた自分の存在価値も、同時に失ってしまう恐れを感じているらしい。このような心境が続けば、強い葛藤状態に追いこまれ、いずれ心理的な危機が訪れるだろうことは、容易に想像できよう。

では、よい子の仮面をつけた青少年の素顔は、いつどこで見られるのだろう。残念だが、親や教師にはその素顔を見るチャンスは少ないようだ。なぜなら、彼らは親の視線にさらされる場面では、特段の意識をすることもなく、ほぼ自動的によい子の仮面をつけた状態になってしまうらしいのだ。親の側も、わが子を見る際には、「よい子」を期待する以外のまなざしで見ることは少ない。それを十二分に知っているよい子は、逆らう術を知らないのである。

しかし、心を許した友人がいれば、話は別である。親には見せられない素顔を、友人同士で見せ得るからこそ、青少年にとって同世代の友人との関係は貴重なのだ。現在、私は日常業務の一貫として、六年前より附属中等教育学校でスクールカウンセリングの臨床実践を行っている。ここでは、全校の七二〇名の生徒（一二〜一八歳）を対象とする予防的対応を重視する方針で、新たなスクールカウンセリングの体制作りを目指している。その際にも、個々の青少年の友人関係は、きわめて重要な判断材料になっている。また、友人関係は同年齢の者同士とは限らない。異年齢の友人関係の存在によって、心理的な危機を脱した子どもも多いからである。

3. シャワーを浴び続ける息子とその両親の事例

ここで、一七歳の長男のことで相談を依頼してきた中年夫婦の事例を紹介しよう。彼らの息子のA男は、高校入学後に不登校傾向が強まり、すでに一年以上も、昼夜逆転の生活を送っていた。A男は、家族と話をしようともせず、極度の不潔恐怖でシャワーを連日二時間近くも浴びるなどの行動を続けていた。このA男の状態を心配した四十代半ばの父親は相談機関を訪れ、息子が精神異常ではないかとの懸念を示した。しかし、受理面接の結果、A男が友人との関係は保っており、また、長続きはしないものの、アルバイトに行くこともできることが判明した。そこで、家族療法を専門とするセラピスト（臨床心理士）は、両親同席での面接を勧めた。

この両親面接で明らかになったのは、結婚当初から夫婦間に微妙な意識のズレがあり、長男であるA男は、その争いにおのずと巻き込まれていたことである。この家族内でのストレスから、A男は思春期に入る頃には、遅刻や万引きなどの問題行動を起こすようになっていた。名門私立中学への受験失敗の結果、A男は公立中学へ入学せざるを得なかった。母親の落胆は大きく、小学生の次男に望みをつなぐことになった。母親の期待に応えることができなかったA男は、中学入学後は勉学に身が入らず、同級生をいじめるなどの問題行動を起こすようになった。高校入学後は勉学意欲がさらに低下し、生活のリズムも乱れ、あげくには退学したいと言い出した。ここに至って、それまでわれ関せずの態度を取っていた研究者の父親も、さすがに動かざるを得なくなったようである。

初回面接から、父親は妻を伴って現れた。この両親同席面接で、家庭での食事の様子が明らかになった。父親は遠距離通勤のために帰宅時間が遅く、結婚以来夕食を一緒に摂ったことはなかった。A男は部屋に閉じこもってはいるが、食事は母方祖母の死後に同居するようになった母方祖父と一緒に摂っていた。父親は、「妻がいつかは実家を出てきてくれると思っていた。妻が出てくることばかりを待っていて、息子のことまでは目が向かなかった」と打ち明けた。さらに、「妻は、自分の兄弟など実家との結びつきが強い。そっちと僕とのつながりのどちらを取るのか、言葉は悪いが、試していた」とも語った。一方、母親（妻）も「半年前に、息子から『僕が小さい頃から（両親が）いつも喧嘩ばかりしていてどきどきしていた。いやになっちゃう』と、言われたことがあります」と打ち明けた。母親が実家と強く結びついているのに対抗するかのように、父親は実父が有力者として活躍している故郷の地方都市には極力帰らないようにしていた。それは、父親の説明によれば、「親からまるがかえされたくないし、親の影響下に置かれたくない思いが強かったから」だったそうである。両親の双方の実家との距離の取り方が、きわめて対照的であることが、印象的であった。いずれにしても、実家との距離の取り方に関して、夫婦間で意見や態度に大きなズレがあったことは、紛れもない事実である。また、それがA男の思春期以降問題行動や、現状での引きこもりや強迫的行動の遠因となっていることについては、両親の見方は共通していた。ただし両親ともに、非は相手側にあると見ているために、夫婦関係の溝は埋まらないままで、長年経過していたのである。しかし、A男が高校中退の意思表示をしたことは、この父親にもさすがにショックだったのだろう。それまでのように、妻子に責めを負わせるだけで、自分が免罪される訳ではないことに、父親は遅まきながら気づき始めたのである。

第二回面接では、A男をめぐる両親と母親の実家の人々との確執が、浮き彫りになった。父親は、自らの実家の両親とは「情緒的遮断」ともいうべき距離を取りながら、一方で、妻方の実家の家族とも溶け合うことができない、心理的孤立状態にあった。しかし、長距離通勤と仕事への没頭によって、その孤立感を味わう機会などなく、息子の問題も基本的には妻の養育態度によって引き起こされたものと、父親は理解していた。したがって、この父親にしてみれば、息子の問題行動や学校不適応は、むしろ独断的にことをすすめる妻の、養育観や家族観の誤りや失敗を証明するようなものであり、いわば「他人事」だったのである。

父親は妻の子育ての失敗作としてA男を観察するうちに、徐々に、その行動の「病理性」に目を向け始めた。父親の来談動機のなかには、専門家の手、もしくは権威を借りて、息子の問題行動を子育ての失敗という文脈から、精神病理の文脈へと転換させようとする魂胆が混じっていたと推測される。父親は研究者として、自分なりに息子の「病理的メカニズム」を探究し始めたのであろう。事実、連日二時間近くも入浴している息子に業を煮やした父親は、「強迫神経症」の本を突きつけて、自覚を促そうとしたものの、息子から「俺はそんなのとは違う」と、はねつけられた体験があることを、打ち明けた。

第三回面接では、母親の誕生日を祝う食事会でのエピソードが語られた。その席で、A男が母親の威圧的で独断的な態度を非難した際に、父親が場所柄をわきまえるように制止したところ、A男は素直に受け入れたことが報告された。ついで、父親は、夫婦双方の家族史をふりかえると、夫が妻の実家に取りこまれていく話が多いことに気づいたと語った。セラピストは面接の終了時点で、A男の問題は父親自身がかかえてきた問題と無縁ではないことを指摘し、従順に飲み込まれるだけではなく、明確な意思表示や対決の場面は必要だと示唆しておいた。

その後、春休みに入ったある日、A男は友人とともにわずかな所持金とフライパンを携え、「南の島に行く」とだけ告げて、旅立っていった。一週間以上も音信がなく、両親は捜索願を出すことを考えるほど心配していたが、しばらくして、A男が無事に帰宅したとの連絡を受けた。父親は、A男が初の冒険旅行となった家出の間に経験したことや、出会った人々のことなどを詳しく話してくれたと、いかにもうれしそうに報告した。実は、父親も高校生の頃に、そのような無銭旅行にあこがれていたものの、一人っ子であった自分は実行できなかったと、告白した。その息子は、それまで強い不潔恐怖にとらわれて、一日数時間もシャワーを浴びていたにもかかわらず、魚を釣って食料にするなど、ほとんど野宿を続けるような旅を貫徹して生還してきたのである。

息子がなぜ数時間もシャワーを浴び続けていたのか、逆に風呂にも入れないような旅をなぜ続けられたのか、父親には理解しかねることばかりであった。そこで、セラピストは「一度だけでいいですから、息子さんと同じくらい長時間シャワーを浴びてみてください」と依頼した。これを実行した父親は、「最後は、途中でシャワーが出なくなってしまいましたが、大変でした」と、その体験を語った。とにかく、気楽にやれるようなことではないと、実感した様子であった。「それは息子さんにとっては、ある意味で苦行のようなものかもしれませんね」とセラピストが相槌を打つと、父親は、はっとした表情になり、「実は、私も妻が息子を身ごもった時、安産祈願のために、滝に打たれる行を経験したことを思い出しました」と、応じてきた。

セラピストが、「苦行」という意外な言葉を持ち出したことで、息子の異常性や病理性にのみとらわれていた父親の態度に、変化が生じた。初めての子の無事な誕生を願って、自分が滝に打たれたように、わが息子も、「何か」の誕生を願ってシャワーを浴び続けているのかもしれない。あるいは、それは単純に身体的な清潔さを維持するためのものというより、もっと精神的な意味での「穢れ」を清めようとする、ある種の宗教的色彩を帯びた儀礼の意味を持っているのかもしれない。父親は、セラピストとの対話を通じて、このように考え始めた。

家出後に、A男は父親の説得に応じて初めて父親と面接室にやってきた。耳にピアスをし、茶髪の彼の身なりはまさに今風であったが、応対はきちんとしており、「よい子」の名残を感じさせた。セラピストに対しても、臆することなく旅での印象的な出来事を率直に話し始めた。父親は横でそれを聞きながら、すでに息子から聞いていた話の内容を、再度確かめるかのようにうなずいていた。一人っ子である自分にはできなかった冒険旅行を、息子が友人とともに敢行したことに、ある種の誇らしさを感じている様子でもあった。このころには、A男のシャワーの時間は短縮され、昼夜逆転の生活リズムの乱れも解消されていた。彼は、長い巣籠もりの時期を経て、徐々に自立への道を歩み始めたのである。

4. 中年期における子育ての課題

仕事に追われ、家事・育児を妻任せにしたままで中年期を迎えた父親の存在意義は、「家族のために身を粉にして働き続けてきた」という本人の意識とは裏腹に、妻子にとっては「不在の父」でしかない場合が、前述の事例に限らず少なくない。この事例の場合も、長男の高校中退の危機が表面化して、ようやく表舞台に登場した「遅咲きの父親」であった。数回の夫婦同席や父子同席の面接も交えた計一〇回の家族療法面接を通じて、この父親は、徐々に父親としての意識に目覚めていった。

セラピストは、A男の長時間のシャワー浴びを、父親が固執する強迫的行動としての病理枠組みから、「苦行」という、全く異なる枠組みへと「リフレーミング」し、父親自身にも、実行することを勧めた（息子の心情を理解することを父親が望んだことが、この課題提示の前提になっている）。その経験を報告するなかで、父親は、妻がA男を身ごもった時に、安産祈願の目的で自身が「滝行」に進んで参加したことを、思い出したのであった。また、最終回となった第一〇回面接では、父親は自らの父方祖母が体験した悲劇的な出来事に彩られた原家族の波瀾の物語を、とうとう語った。その内容の多くは、妻にすらいまだ語ったことのない衝撃的なものだったのである。

とりわけ印象深かった回想として、父親は思春期の頃、夫（この中年男性の実父）の女性問題で苦しんでいた実母を、自分が守らなければと思っていたことを、打ち明けた。「おそろしかったです。母親の言うとおりにしないと大変なことが起こると思っていました。熱いお風呂に入り、頭のなかで二〇〇、三〇〇と数を数えて、それまで我慢しないと生きていく価値がない、がんばれないと、思っていました。理屈は、全くありませんが」とも語った。

この最終回の直前には、次のような出来事があったことも報告された。学年末のある日、A男の進級が危ういとの知らせを妻から受けた父親が、仕事を中断して学校に駆けつけ、A男とともに頭を下げて、進級が許可された。A男の学校での危機が、両親の連携プレイによって回避されたのである。初回面接時に見えた夫婦のちぐはぐさは、見事に解消していた。A男はその後、自分の納得のいく進路（両親の希望とは異なる）を見つけ、その準備に余念がないことを、半年後のフォローアップによって確認することができた。また、父親からの便りには、長男と同様に、妻の奮闘にもかかわらず、中学受験に失敗した次男と向き合う課題に取り組み始めていることが、自戒の念を込めつつ、記されてあった。

中年に達した親が、大人になりつつあるわが子と再び向き合うことは、母親だけでなく父親にとっても、相当に難しい課題だと言わざるを得ない。とりわけ、仕事を言い訳にして子育てを妻まかせにしてきた中年男性にとっては、子どもでも大人でもない、思春期のわが子にかかわろうとしても、当の相手が幼子のように簡単には振り向いてくれはしない。無力感のみが、募ることも少なくない。しかし、「父親行」の試行錯誤を繰り返すうちに、父親自身が思春期に積み残していた親からの分離の課題に突き当たることがある。この事例の場合もそうであったが、父親がこの遺り残しの宿題に直面できた時に、その子どもは、安心して自らの人生航路に船出していくようだ。もちろん、それは「母港」という言葉が象徴的に示すように、荒天の際や補給が必要な時には出迎えてくれる、母親（妻）の存在を欠かすことはできない。

父親のみならず、母親もやはり、思春期における親子分離の課題を潜在的にかかえている。私は家族療法の立場から、中年期の両親と思春期・青年期の子どもの心理的問題や葛藤を同時に、そして同等の比重で扱う臨床実践の経験を蓄積してきた。そこから、精神分析学でいうところの青年期再演説（Blos, 1985）に類似した、ある種の再演説、いわば「中年期再演説」ともいうべきとらえ方が、中年期の親に対する心理的援助に有効ではないかと考え始めている。ただし、正統派の精神分析の場合と異なり、家族療法を基盤とするアプローチでは、両親がともに自らの親子関係を再考する過程を重視する。親子関係だけではなく、夫婦関係の見直しも同時に視野に入れようとするために、セラピストが扱う視点はさらに複雑さを増すことになる。

しかし、多次元的な視点の転換を駆使する手法を用いることなく、心理療法（カウンセリング）を実践することは、今後は次第に難しくなるのではないだろうか。少子高齢化社会の進展は、好むと好まざるとを問わず、幼児期・児童期・青年期・中年期、そして老年期の心理的問題が混在する状況を加速させるに違いない。従来のように、各発達段階ごとに心理的問題を切り分け、個人別の整然とした治療構造を維持するという、専門家にとっては比較的都合のよい図式は、もはや十全のものとは言えない。現実は、もっと混沌とした状況の複合体であり、ミクロな精神内界を精査する視点やマクロな社会的流動性を捉える視点に加えて、両親世代を中核とする三世代間の相互作用をとらえる、「メゾレベルでの視点」が不可欠になるのではないだろうか。そこには、複数の親子関係や夫婦関係にまつわる心理的問題が複雑に入り組んだマトリックスが潜んでいる。幸い、われわれは二〇世紀後半に発展した家族システム論のみならず、新たにカオス理論や複雑系の理論を手中にしつつある（亀口、二〇〇〇）。これらの理論の有用性は、わが国の心理療法分野ではまだほとんどまともに取り上げられてはいないが、私自身は、きわめて有望な臨床的資源だと理解している。今後、これらの理論を取りこんだ臨床実践に取り組む、勇気ある臨床家が出現することを心待ちにしている。

●引用文献

Blos, P. 1985 *Son and Father: Before and beyond the oedipus complex.* New York, Mcmillan.

亀口憲治　一九九七　家族の問題——子どもの危機と家族のかかわり　人文書院

亀口憲治　二〇〇〇　家族臨床心理学——子どもの問題を家族で解決する　東京大学出版会

第11章 ―家族療法から見た祖父母の役割―

1. はじめに

子育てをめぐる親と子の関係は、子どもの結婚や独立によって一段落する。親は子育ての責任から解放されて身軽になり、自分自身は趣味や興味を優先した生活を楽しむことができるようになる。ただし、孫の誕生によって、再び子育てにかかわる祖父母も少なくない。親と祖父母による「協働の子育て」という図式である。しかも、祖父母が健康な場合には、子育ての期間は児童期を越えて思春期・青年期にまでおよぶことにもなる。そこには、良いことずくめですまない問題も潜んでいる。孫の世代が「思春期」になる段階で、3世代の家族の関係全体を組み替える必要性が生じてくるからである。複数の家族関係、つまり老年期の祖父母と親の間の「親子関係」、中年期の親と思春期の子どもの「親子関係」、さらに「祖父母と孫」の関係が同時に変革を迫られる局面が訪れる。家族がこの難しい局面を乗り越えるに当たって、家族療法を活用する事例が増えつつある。

2. 老年期の家族関係と心理的問題

老年期の家族関係がもたらす心理的問題を検討するために、まず、ある三世代同居の家族の事例（坂田、一九八九）を紹介することから始めたい。

祖父は七五歳で、祖母は七一歳、農業を営んでいる。二人には、二男二女の子どもがいるが、現在は後を継いだ長男の家族と同居している。長男夫婦には二〇歳になる男子を頭に三人の子どもがいる。祖父母は、現在の生活には何の不満も持っていないが、かつては家族危機とも言える状態を経験したことがあった。

末の孫娘に手がかからなくなり、母親が勤めに出始めた頃から、あるいはさざ波が立ち始めていたのかもしれないが、その頃には誰もそんなことには気がつかなかった。徐々に母親の帰宅が遅くなり、それと前後して父親が家庭内のこまごまとした作業にあまり気をくばらなくなって、夕食を祖父母と孫たちだけですませる日が多くなった。孫たちには、「お父さんも、お母さんも、お仕事忙しいからね」と説明していたが、子どもなりに何かを感じているようでもあり、祖父母は気が気ではなかった。祖母は、母親（嫁）の苦情をよく口にするようになった。祖父は母親だけが悪いとは考えていなかったが、祖母の言うことも分からないではなかった。たまに家族全員がそろうことがあっても、お互いにぎくしゃくしたやりとりしかできず、かえって白々しい雰囲気になってしまう。しかし、母親も父親も何も語らず、口を出せる状況ではなかった。

半年ほどやりきれない気分の日々が続いたある日、感じやすい年齢だったからだろう、全員そろったところで孫息子がぽそっとつぶやいた。「お父さんもお母さんもどうしちゃったんだよ。仕事が忙しいんだかなんだか知らないけど、うちのこと全部おじいちゃんとおばあちゃんにやらせちゃって」。この孫息子の発言がきっかけになって、孫たちは次々に不満を言い始め、末の孫娘はとうとう泣き出してしまった。その場では、母親も父親も何も言わなかったが、その後おそらく二人でいろいろと話し合ったのだろう。それからしばらくたって、父親と母親とそろって祖父母にあやまったのである。「いろいろとご心配おかけしましたが、もう大丈夫です」と。息子夫婦に何があったのか分からない。しかしその後、二人はいっそう親密さを増したように祖父には感じられた。このような家族危機の体験を経て、家族は穏やかな日々を過ごせるようになったのである。

この家族のように、家族員自らの気づきや率直な感情表出、あるいは自発的な問題への直面化が可能であれば、家族危機が発生しても自己治癒が可能だろう。しかし、必ずしも、そう順調にことがはこぶものではない。当事者にとって修復不能と感じられるような事態に陥り、表面化した症状や心理的な問題の解決を専門家に依頼せざるを得ない事例も少なくない。そこで、心理臨床家の出番という場面になるわけである。

3. 心理臨床における祖父母－孫関係

心理臨床の世界で多く取り扱われる心理的問題は、何といっても親子間の葛藤関係にまつわるものが多い。世代でみれば、二世代間の関係である。そこに、祖父母も加えた三世代の葛藤関係として心理臨床家が対応することは、家族療法以外のアプローチではあまりない。この点で、家族療法はほかの心理療法的アプローチに比べて、祖父母性や家族関係における祖父母の役割をより重視してきたことを再認識していただけるものと思う。

もっとも、E・エリクソン（Erikson, E. H.）は、個人の自我の成長という観点ではあるが、独自の人生周期（ライフサイクル）論を展開し、その最終段階としての老年期に固有の価値と意味づけを行ったことで知られている。しかし、老年期の心理的問題は、個々の老人だけのものではなく、その人物につらなる配偶者や子や孫の問題でもある。老年期の問題を他の家族成員と切り離して論じることはできない。それは、他の家族成員と同居している場合はもちろん、独居している場合でも同じだと言えよう。

人生八十年という高齢化時代を迎えた今では、定年退職後の老年期が長くなり、この年代の夫婦の不和が問題として取り上げられるようになってきた。今まで、さまざまな形で無理をして家庭生活を営んできたと感じる妻が、不満を訴える傾向にあると聞いている（最高裁判所、一九九五）。また、ある調査では、四人に一人の妻が、夫と同じ墓に入りたくないと考えているという結果が出たことなども報告されている（松尾、一九九二）。

人生周期の最終段階で夫婦の結びつきが壊れ、孤独と向き合わねばならなくなるとは、悲しい話である。しかし、ユング派のグッゲンビュール－クレイグ（Guggenbuhl-Craig, 1979）は、著書『結婚の深層』（一九七九）のなかで、「結婚は幸福につながるものではなく、個性化の過程であり、魂の救済への道である」と述べている。そのような結婚観に立てば、配偶者との不和や離別をことさら深刻に受け止める必要はないのかもしれない。しかし、欧米のような個人主義が確立していないわが国では、老年期に達した人々にとって、夫婦関係のみならず子どもや孫を含む家族との関係は、依然として重要視されている。したがって、心理臨床の場においてもこの点を無視することはできないはずである。

そこで、家族療法が得意とする三世代家族関係の問題に論点を移すことにしよう。なかでも、祖父母世代と孫世代の関係に注目してみたい。なぜなら、前述したように、家族内におけるこの世代間関係は、従来の心理臨床ではほとんど取り上げられることがなかった話題だからである。これは、心理臨床の先進国である欧米、とりわけアメリカでは祖父母世代と孫世代が同居して、直接的な関係を持つ機会が少ないことも影響しているだろう。つまり、両世代間の関係に心理臨床家が注目せざるを得ないような家族状況は、わが国に比べれば相対的に少なく、結果的に家族療法をのぞくいずれの学派においても中心的課題とはならなかったのではないだろうか（McGreal, 1994）。そして、その傾向は戦後に各学派の理論と技法が欧米からわが国の心理臨床の分野に導入される際にも、忠実に受け継がれたものと推測される。

しかし、わが国の祖父母世代が置かれている心理的状況と家族関係の現実は、欧米のそれとは明らかに異なっている。少なくなったとはいえ、まだ多くの祖父母世代が子や孫と同居している。別居の場合でも、狭い国土のうえに、通信・道路網が発達した今日では、同居と実質的にはあまり変わらないくらいの心理的接触が可能になっている。また、祖父母世代自身が、かつての死を目前にした「老人」としての位置づけにおさまらなくなっている。同じ祖父母といっても、若くは四十歳後半から年配では八十歳代までの開きを考慮しなければならない。現役の社会人もいれば、引退したものもいる。病人もいれば、若者顔負けの元気者もいるといった多様性に富んでいる。したがって、母性や父性以上に、「祖母性」や「祖父性」の概念規定を一律に行うことが難しくなっている。

それは何も一般論としてだけではなく、個々の家族内の祖父母自身とそれに連なる子や孫の双方の戸惑いでもある。ここに、われわれ心理臨床家が個々の事例を通して援助を求められる社会的背景があるのではないだろうか。たとえば、古くからの嫁・姑間の葛藤関係にしても単純ではなくなっている。そこに養育態度の問題が絡み、孫世代が巻き込まれることになれば、三世代間の錯綜した葛藤関係が発生する。そうなれば、仲裁するにしても簡単ではない。へたな介入をすれば、仲裁者もその葛藤関係に巻きこまれることになるからである。

心理臨床の世界では父性の喪失が指摘されて久しいが、それはおもに戦後世代の父親を前提として主張されたもののように了解される。では、それ以前の父親すなわち戦前に生を受けた祖父世代の権威やイメージは保たれているのだろうか。残念ながら、祖父世代のアイデンティティも父親世代とは異なる理由で、すなわち敗戦という悲惨な共通体験によって大きな損傷を受けている。祖父性も確固たる社会的基盤に支えられているとは言えないだろう。祖父世代が父親世代の父性の欠如を適切に補完できる保証はない。このような二世代にわたる父性の障害は、第三世代の孫たちのアイデンティティの確立に少なからぬ影響を与えるものと思われる。また、それは父性や祖父性だけの問題ではなく、母性あるいは祖母性の問題ともからみあった三世代間の複雑な相互作用の一部として理解すべきだろう。いずれにしても、三世代の家族関係全体を見通す視野が、わが国の心理臨床の分野に必要とされているのではないだろうか。わが国での家族療法の実践はまだ、その緒についたばかりと言える段階である。しかし、家族療法の事例は、祖父母と他の二世代の家族成員との関係への直接的対応が心理臨床の実践過程に大きな影響力を持つことを、すでに明確に示しつつある。そこで、次に筆者の自験例を紹介することにしたい（亀口、一九九一）。

4. 家族療法事例に見る祖父母の役割

事例： 三世代同居のA家族

主訴： 中二のY子（一四歳）の不登校

家族構成： 父親（四一歳）、母親（四二歳）、父方祖母（七七歳）、Y子、次女（小五、一一歳）、三女（小三、八歳）の六人である。父方祖母とは両親の結婚当初から同居。父親は次男。母親は長女。ほかに、Y子が不登校になって以後、Y子の希望でオス犬をペットにしている。

現状に至る経過： Y子が中一の五月よりさしたる理由もなく不登校となり、以後三学期はじめに数日登校しただけで、登校できない状態が続いている。

面接経過：ほぼ月一回で計一〇回（九ヶ月）の家族療法が実施された。

第一期　Y子を除く家族との面接

第一回（X年六月、両親と祖母が同席）

不登校の初期には、両親ともに体罰を含む強い叱責により登校を強制したが、Y子が逆に妹たちにその苛立ちをぶつけるようになったため、次第に放任するようになった。中二の四月に初潮があり、以来、生理時には情緒不安定で、泣くことが多く、ペットの犬以外は家族をそばに寄せつけないという訴えが母親から出された。

面接場面では、祖母の発言が優勢であり、息子である父親はほとんど発言しなかった。祖母が親役割を維持しているために、両親は子ども世代の一員にとどまり、明確な世代間境界は引かれておらず、思春期に達したY子だけが家族境界の外側にはみ出た状態であると理解された。

第二回（同年七月、両親と妹二人）

Y子の心身の不安定さが家族全体に影響を与えている。Y子自身は疎外感を強く持ち、犬と祖母がわずかに安全地帯の役を果たしている。セラピストは、次回には犬を連れてくるように両親に要請した。

第二期　ペットを媒介にした家族関係の調整

第三回（同年八月、両親、祖母、Y子、次女、三女、犬）

それまで全く相談機関に足を向けなかったY子が犬と一緒に来談したため、家族全員が勢揃いすることになった。この回も、祖母に比して両親の存在感が希薄であった。そこで、セラピストは両親に、子どもたち全員に実行可能な身辺自立の課題を出すように指示した。

第四回（同年八月、両親、Y子、次女、三女、祖母、犬は父親の指示により屋外にとどめ置かれた）

前回の課題に対して、父親は母親がいっさい子どもたちに小言を言わず、子どもたちも注意されないようにするという決定を下し、ほぼ守られているとのことであった。父親は「Y子が気持ちの切り替えができるようになり、大分ものごとの道理が分かるようになってきたと思います」と、やや明るい表情を見せた。Y子は、最近では友達と遊びに出かけるようにもなっている。

絵画セッションでは、両親と祖母は見ているだけであったが、三人の姉妹は楽しげに大判の画用紙に自由画を描いた。次女が描いた女装した男性像に、Y子は〈父〉と書き添えた。A家で唯一の男性である父親の男性性の欠如を娘たちが象徴的に、というより、むしろストレートに表現したことは意外であった。両親とりわけ父親は、子どもたちが面接の場で、全く動じずにのびのびと絵を描いたことに「われわれの子ども時代には考えられなかった」と驚きを示した。また、用紙を渡して次回までに家族全員で絵を描いて持参するという課題を与えた。

第五回（同年九月、両親、Y子、次女、三女、祖母）

前回の課題であった絵には、Y子の提案で家族全員（犬を含む）の似顔絵が描かれ、周囲に色とりどりの花が配されていた。Y子は二学期になって十日ほど登校し、運動会にも参加できたため、家族は喜んだ。しかし、その後再び不登校状態になった。姉妹喧嘩の際に、両親は自分だけを責める、とY子が指摘した。親自身の対応にも問題があったことを、両親は自覚し始めた。

面接場面では、セラピストは夫婦間の微妙なズレを強調してフィードバックした。その結果、父親からの発言が徐々に増えていった。

第三期　セラピストを媒介とした家族関係の調整

第六回（同年一〇月、両親、祖母、Y子、次女、三女）

家庭では、Y子は祖母を手伝って夕食を作るようになり、自宅ではのびのび行動するようになっている。同胞葛藤も以前のようには激しくなくなった。一方、父親の焦燥感が募り始めている。前回に出した物語作りの課題についても、母親はY子に協力したが、父親は加わらなかった。

面接場面で、問題解決のための具体的な指針を与えてくれないので不安だと、父親が率直に不満を表した。セラピストはその不満を明確化し、共感をもって受け止めたうえで、以後の面接を展開させた。父親が「Y子は前回出された課題の意味など何も考えていないのではないか」と指摘した時に、Y子が「そんなことはない。考えている」と初めて反発を示したことは注目された。

両親に今後のY子の変化の予測をさせたあとで、セラピストは「年内は、登校について両親は口にしないこと」を約束させ、両親がそれを破った場合にはセラピストに報告してもよいと伝えてくださいとY子に告げておいた。

第七回（同年一一月、祖母、両親、次女、三女）

父親は何らかの実力行使ができない戸惑いを訴える。犬の扱いを巡って、父親とY子の間で葛藤が表面化し、Y子が父親を蹴ったため、父親も蹴り返したという。母親には、格別の変化は見られなかった。

面接場面では、セラピストは治療的二重拘束（ダブルバインド）の態度を取り、一方で、まだY子の自主登校が不可能であることを両親に確認させると同時に、父親に何らかの決断を迫る時期であることを口調で感じとらせようとした。また、夫が強硬手段に出ようとする素振りに懸念を示し、Y子を保護しようとする母親には「強いショックを与えたくないのですね」と共感的にフィードバックした。両親の和戦両様の構えに対して、セラピストはそのような相補性こそが望ましい協力体勢であることを伝えた。また、父親が自身の厳格な父親（祖父）の下で全く反抗をせずに育ってきた経過が語られた。この頃にはあまり発言しなくなっていた祖母も、その事実に関しては積極的に追認した。

第八回（同年一二月、両親、祖母、次女、三女）

父親は、年明け以後も登校しないようであれば、毎日曜日にY子が楽しみにしている乗馬クラブ通いや家庭教師を禁止する強い態度に出るとの決意を語った。一方、母親はY子の楽しみを奪ってしまいたくないと主張した。口では強硬手段に出ると主張している父親も、反面ではY子の反発を予想しており、セラピストに支持を求めた。セラピストは、「方法より父親の決意の強さが大切である」と言明した。

第四期　夫婦を中核とする家族の再構造化（Y子の自立と祖母の主婦役割からの引退）

第九回（翌年一月、両親、次女、三女、担任）

三学期開始後、週末に登校可能となった。担任は「Y子さんはあまり気後れすることもなく、以前からの友達ともうまくやっています。学習意欲もあるようです」と報告した。面接では、Y子の乗馬クラブ通いをめぐって表面化した夫婦間の差異に直面化させるために、二人を向かい合わせで座らせ、話し合うように促した。参加していないY子については、特に課題を設定しなかった。彼女がすでに「自立」を果たしつつあることを、セラピストは暗黙に承認していたからである。同様に、風邪で欠席した祖母については、あえて言及しなかった。それは、実質的な主婦役割を「引退」しつつある祖母に替わって、両親が中心的な位置を占める段階にきたことを示唆しようとしたからである。

第十回（同年二月、両親、祖母、次女、三女）

Y子の登校は安定し、友人との関係も良好である。しかし、まだ両親が妹たちを偏愛しているという感情は消失していない様子である。その話題を契機に、両親とりわけ父親の兄弟葛藤の体験が、ついで祖父との支配・服従関係がクローズアップされた。父親は厳格であった祖父の死後も、とくに対立関係にあるわけでもない自分の母親（祖母）に対してさえ、心のうちを明かすことはなかったのである。しかし、その事実を表明した父親に対して、祖母が「この子も歳をとってくれれば、長男がそうだったように、話してくれるようになると思います」と受容的に願望を述べたことで、今後の祖母・父親（母・息子）間の関係改善が期待可能となった。家族の家事分担が問題となったので、前回同様に夫婦を向かい合わせで座らせて、分担方法を決めさせた。二人に前回のような戸惑いは見られず、「親子で協働作業をすることに決めました」と、笑顔でその結果を報告した。

面接過程をまとめると、第一期では共働きの母親（嫁）に代わって主婦役を勤めてきた祖母のパワーが支配的であった。実質的には祖母が「親」役割を取り、両親は三人の子どもと共に「子ども」の位置にとどまっていたと思われる。長女のY子は思春期に達していたものの、同性の母親にも異性の父親にも適切な大人世代のモデルを見出せず、さりとて子ども世代に留まることもできない不安定な状態に置かれていた。結果的に家族境界からはみ出し、祖母とペットを命綱にした状態であやういバランスをとる以外になかったのであろう。この時期、祖母はY子を含む家族全体の関係を支えていたが、それが一方で両親の親役割を不明確にしていたとも言える。

第二期では前期の面接を通じて明確になったY子とペットとの絆に改善の可能性を期待した。そして、Y子は犬と一緒に面接室に初登場した。この時点で、セラピストはY子の病理性の分析よりも、ペットという「境界的存在」を媒介とした家族関係の再調整に重点を置く接近をしようと決意した。

第三期では、家族関係への復帰に伴う、Y子の心理的安定化とは裏腹に不登校状態の持続によってもたらされた両親のフラストレーションをバネにして、セラピストは両親間の差異を強調した。これは祖母の「親役割」を相対的に弱め、両親こそがY子の「親役割」を取るべきであることを、セラピストが家族に間接的に伝える意図も含んでいた。事実、祖母が「学校のことは親に判断してもらいたい」と明言するようになった。

最終の第四期では、前期で明確化した両親間のＹ子に対する養育態度の差異を、今度は逆に減少させるように促し、夫婦を包む心理的境界膜（両親連合）の強化を計った。それによって、曖昧であった祖母・両親間、および両親・Ｙ子間の二つの世代間境界を明確化できると判断したからである。

Ａ家族の事例を通して筆者が再認識したことは、二つの世代間境界に同時に注意を向けておくことの必要性であった。つまり、祖父母・親間の世代間境界と親・子ども間の世代間境界の両者は相互に関連しており、決して一方だけに目を向けていては三世代家族関係の勘所を押さえることはできない。卑近なたとえを使えば、「モグラ叩き」のように表面に見えているものだけを追い続けても成果はあがらない。心理臨床家が話題の内容にとらわれず、時に祖父母の側に、あるいは親の側に、また子どもの側につねに視座を移動させ、世代間境界をはさむ双方の立場や言い分、あるいは見通しを取り上げていく。そのような柔軟で共感をともなった中立性を心理臨床家が保つことで、二つの異質な世代間境界が次第に姿を現し、混沌としていた三世代の家族関係に、新たな「秩序」が生まれる。その時、祖父母世代は安心してそれまでの座を次の世代に譲り、さらに孫の世代は勇気を持って自立への第一歩を踏み出せるのではないだろうか。

したがって、家族療法における祖父母の役割とは、家族と心理臨床家の双方に二つの世代間境界の存在とその質的変化の必要性を体験させる具体的な手がかりを与えることであろう。

●引用文献

Guggenbuhl-Craig, A.（グッゲンビュール－クレイグ・A）一九七九　結婚の深層　樋口和彦・武田憲道訳　創元社
亀口憲治　一九九一『家族境界膜』の概念とその臨床的応用　家族療法研究　第八巻一号　二〇～二九頁
亀口憲治　一九九二　家族システムの心理学　北大路書房
松尾恒子　一九九二　考年期夫婦の心理的危機　岡堂哲雄（編）『家族心理学入門』　培風館
McGreal, C.E. 1994 The family across generations: Grandparenthood. In: L'Abate, L. (ed.) *Handbook of developmental family psychology and psychopathology*. John Wiley, New York, p.116-131.
最高裁判所　一九九五　司法統計年報
坂田三允　一九八九　老年期の家族過程と危機　岡堂哲雄（編）『家族関係の発達と危機』　同朋舎

第Ⅳ部
家族力の未来を拓く

これまで、あるひとつの家族を想定して家族力を論じてきた。しかし、その家族に与える周囲の社会的影響を無視することはできない。第Ⅳ部では、少し視野を広げてネットワーク構築の観点から、家族力の将来的な課題を見通す作業をしてみたい。

とりわけ、子育て支援の問題を考える際に、地域のネットワーク作りが重要であることは、すでにあらゆる方面で指摘されていることである。私は、子育ての当事者である若い世代の家族力を高めることを目的としたネットワーク構築を、各地域で早急に具体化することが必要だと考えている。その際に、保育園や幼稚園をはじめとした初等中等教育の各機関との連携を促進することは、きわめて現実性の高い取り組みであろう。

ＰＴＡの活動のなかに、本書で紹介する『家族機能活性化プログラム』などのプログラムを適宜に組み込み、さらに各地の教育委員会の独自の取り組みとも連動したネットワーク構築の試みが、全国各地で展開されることを期待している。最近では、家族心理士、家族相談士、臨床心理士などの専門家の養成システムも急速に拡大し、これまで見つけることが難しかった協働作業の担い手が、豊富に提供されつつある。現代の家庭で生じている児童虐待やＤＶ等の深刻な問題に有効に対処するためにも、これらの心理社会的なインフラストラクチャーの整備は急務である。また、本書で展開した各種の試みは、決め手がないとされてきた少子高齢化への対応策としても有望であると確信している。

第12章

─子育て支援としての夫婦カウンセリング─

1. はじめに

他人同士であった男女が、恋愛関係から新婚生活を経て、子どもの誕生によって親となる。ここから、子育て期の夫婦の協働作業が始まる。これらの一連の事柄は、ほとんどの若い夫婦にとって「初体験」の連続である。核家族のなかで育ち、子守りなどの保育体験を結婚前に十分蓄積していない現代の若い夫婦にとって、自力では生きることさえできない乳幼児を育てることは、容易な課題ではない。

恋愛や結婚が成立する前提条件として、男女双方とも相手にそれなりの判別基準や期待水準を設けているはずである。しかし、「良き親」として想定される基準を双方が相手に当てはめて、それをクリアーしたので結婚を決意したというカップルが、いったいどれほどいるだろう。多くは、漠然とした期待や見込みに頼って結婚を決意しているのではないだろうか（岡堂、二〇〇四）。

それが現実に実証されるのが、妊娠から分娩に至る出産期の夫婦関係の成長過程である。すでに、この時点から夫婦のコミュニケーションに不具合が生じる場合もある。最近の夫婦コミュニケーションに関する実証的研究によれば、夫婦のわずか数分間の会話記録を分析することで、将来の離婚の可能性さえ予測できるとされている（亀口、二〇〇二a）。さらに、そのような危険性をかかえた夫婦への心理的援助の可能性も追求されてきた。それが、夫婦カウンセリングと称される心理的援助の手法であり、欧米ではすでに一般化している。ここでは、子育て支援の観点から、夫婦カウンセリングの理論的背景と将来の実践展開の可能性を見ていくことにする。

2. 夫婦カウンセリングの発想法

夫婦という「チーム」の成長と発達

未婚の状態から既婚の状態への変化は非連続のものである。社会的にも、心理的にも未婚と既婚の差異は歴然としている。ただし、既婚の状態にも変化の過程が存在する。体験論的に見れば、結婚はある固定した男女の関係を指すだけではなく、ある目標へと向かう「過程」である。誰もが結婚したからには幸福でありたいと期待するが、現実には配偶者が十分にその夢に応えてくれることは多くない。そこから、失意や落胆、あるいは怒りといった破局につながりかねない心理状態が生み出される。心理療法家のグッゲンビュール－クレイグ（Guggenbuhl-Craig, A., 1979）は、「結婚というものは、そもそも快適でも調和的でもなく、むしろそれは、個人が自分自身およびその伴侶と近づきになり、愛と拒絶をもって相手にぶつかり、こうして、自分自身と世界、善、悪、高み、そして深さを知ることを学ぶ個性化の場なのである」と述べている（九〇頁）。

これを私流に理解すれば、夫婦とは個性化という共通目標に向かって協働する「チーム」だということになる。ここで言う個性化とは自己実現のことである。この男女混成チームにとって、子育ては格好の現実的課題となる。なにしろ、その成否は直接にチームの成長の指標ともなるからだ。子育ての過程では、共に成長の道を歩む夫婦の足並みが乱れることも少なくない。しかし、それを単なる不幸の種だと考える必要はない。「困難な結婚」をすぐさま、「不幸な結婚」ときめつけて悲観的になってしまわないことが大切だろう。人が個人として大きなコンプレックスをかかえる場合にも、それと格闘して人格的な成長を達成する例は、枚挙にいとまがない。同様に結婚も、夫婦がその困難さを乗り越え、互いに支え合うことができれば、より成熟した段階へと成長を遂げることにもなる。しかし、現代の結婚産業の貴重なターゲットである若い男女にとって、自分たちの結婚にそのような深い精神性を見出す機会や、子育てに取り組む「チーム」としての自覚を新たにする場面は、あまりに少ない。

夫婦になることの困難さ

ほとんどの家族が核家族化した今日では、大多数の子どもは非常に限られた人間関係しか体験せず、しかも母子密着傾向のなかで成長する。したがって、若い男女が夫婦となった場合に、互いがそのような単一的な「家族文化」をほぼ無自覚的に身につけていることから生じる、ある種の「文化摩擦」や「異文化接触」の問題が生じることが少なくない。

結婚生活では一見ささいに見えることが大きな対立の火種になることがある。たとえば、濃厚な味に慣れている関東出身の夫が、関西で新婚生活を始めた場合に、関西出身の妻の味付けが薄味でものたらず、醤油をたっぷり注いだために大騒動になるようなこともある。それまで自分が何気なく使ってきた言葉や表現が、結婚相手に取っては許容できないほどの心理的影響を与えるようなことも生じる。

泉（一九七四）の調査では、夫婦喧嘩の頻度が高かった時期として、六割以上の夫婦が結婚後一年から三年の間を挙げている。厚生省による『人口動態統計』の同居期間別の離婚件数でも、同居期間三年未満での離婚が全離婚件数の約四分の一を占め、同居期間五年未満となると三分の一を超えている。これらの事実は、結婚初期の夫婦がそれまで互いが身につけてきた家族文化の衣を脱ぎ捨て、新たな家族文化を協働して作り上げていくことが、いかに困難な課題であるかを如実に示している。

結婚生活とコミュニケーション

結婚生活における不和は否定的なコミュニケーションにより生じるということが強調されることが多いが、それらはすでに葛藤をかかえ、心理療法を受けている夫婦を対象にした研究が多く、因果関係が明らかにされているわけではない（榎本、一九九二）。そこで、マルクマン（Markman, 1981）は、結婚を考えているカップルを対象として、良好なコミュニケーションをしているかどうかを測定し、その後の結婚生活における満足度を追跡調査した。結婚後二年半および五年半の時点で、結婚生活への満足度の高い群と低い群に分け、結婚前のコミュニケーション得点を比較すると、いずれの時点においても満足度の高い群のほうが、婚前のコミュニケーション得点が高かった。そして、両群のコミュニケーション得点の差は、結婚生活の進行とともに拡大する傾向が見られた。この研究結果は、否定的なコミュニケーションが夫婦関係への不満に先立って存在することを示唆している。

マーゴリンとウォムポルド（Margolin & Wampold, 1981）は、不和に悩んでいる夫婦と、うまくいっている夫婦のコミュニケーション・パターンを比較検討している。それによると、不和の状態にある夫婦では、積極的に問題解決をめざすコミュニケーションのみならず、言語的および非言語的に相手を肯定するコミュニケーションも明らかに少なかった。つまり、不和に悩んでいる夫婦は、自分たちが直面した問題について、論理的に冷静に話し合うことが少なく、また、相手に対する好意的な言動が少ないというのである。

これらの研究成果から、配偶者間暴力の生じやすい夫婦などでは、相手の肯定的言動よりも否定的言動に注意が向いてしまうという認知の歪みがあるのではないかと考えられる。また、結婚前カップルの感情表現の仕方を測定し、結婚後一八ヶ月および三〇ヶ月後の結婚生活への満足度との関係を調べた研究も行われている（Smith *et al.*, 1990）。その結果、結婚後一九カ月および三〇ヶ月の時点における結婚満足度は結婚前に測定した感情遊離性と負の相関関係にあることが分かった。つまり、結婚前の時点でカップルの感情表現の差異や特徴を測定すれば、その後の結婚生活がどの程度うまくいくかを測定することができるということになる。子育てについての夫婦の考え方に大きなズレがある場合にも、将来はこのような手法を使ってその病理性をある程度は予測できるようになるかもしれない。

結婚カウンセラーとしての経歴が長く、現在はワシントン大学で離婚予測の指標についての実証的な研究を精力的に行っているゴットマン（Gottman, J.）らの一連の研究は、夫婦関係の病理の発生やその予防という観点からすれば、きわめて説得力に富むものであり、家族臨床にかかわる多くの人々の注目を集めつつある（大熊、一九九六）。

ゴットマンは、二〇〇〇組を超すカップルについて、生理的反応、質問紙調査あるいは面接によって、表情や態度だけでなく、音声や言葉についてもその感情表現についてデータを集めた結果、現在ではいくつかの質問紙と面接に基づいて、九〇パーセント以上の確率で離婚を予測することができるようになったと報告している。彼は、自分の研究をもとにして、出自や価値観に関しての相性の良さが幸福な結婚に不可欠だとか、葛藤の解決が大切だというのは神話にすぎないと主張している。離婚を予測するのは、相いれない事柄を扱う方法や葛藤を解決する方法であり、感情的交流の全体的な質であると指摘している。

ゴットマンらの最新の研究報告によれば、新婚時の夫婦が交わした何らかの意見の食い違いを示す会話からは八二・六パーセントの正確度で、そして仲直りを示す会話からは九二・七パーセントの正確度で、四年後の離婚の有無を予測できたとのことである。さらに、驚くべきことには、その判定に必要な夫婦間の会話の長さは、わずか三分間のみのデータを使うことで可能だと報告している（Gottman & Levenson,

1999 ; Carrere & Gottman, 1999)。

3. 夫婦カウンセリングの実践技法

夫婦間コミュニケーションの促進

子育てに追われている夫婦によっては、二人の間で不和や問題の存在が自覚されず、自覚はされていても表面化していない場合も少なくない。いわゆる「家庭内離婚」と呼ばれる状態の夫婦も、これに含めて考えることができるだろう。このような夫婦関係では、激しい感情、とりわけ攻撃的な感情の表出が抑制される傾向がある。見方を変えれば、彼らは強い感情を伴う心の交流を回避することで、夫婦間暴力の発生を未然に防ぐ術を心得ている夫婦だと言える。しかし、夫婦関係の成長・発達という視点からとらえれば、強い情動体験を伴う心の交流を避け続けることは、現実的ではない。

取りたてて問題がないかに見える普通の夫婦であっても、長い年月の間にはさまざまな予期せざる難題や、時には地震や風水害などの災害に遭遇せざるを得ない。その際には、やはり強い悲嘆の感情や心的外傷にさらされることになり、夫婦関係に支障が出てくる場合も少なくない。そこで、結婚歴の長い夫婦を対象とした国際比較調査の結果から、夫婦関係を持続させる要因を見つけ出そうとする研究も行われている（亀口、二〇〇〇b）。そこから得られた共通要素は、夫婦の間に問題がないことではなく、むしろ、さまざまな葛藤あるいは意見の不一致に遭遇しながらも、夫婦がジレンマを乗り越える希望を失わず、ある種の「楽観主義」を持ち続けていたことであった。しかし、現実の夫婦は自分たちだけではその問題を解決できない局面に陥ることも少なくない。そのような夫婦に対して、夫婦カウンセリングによって支援できる余地がおおいにあることは、言うまでもないことである。

夫婦カウンセリングの理論的背景

夫婦が抱える問題への心理的援助を目的とする夫婦カウンセリングの理論モデルは、これまでに数多く提出されている。ここでは、システム論的観点からの夫婦カウンセリングの理論的枠組みを紹介する。家族療法家のヘイリー（Haley, J., 1964）は、夫婦システムでの相互のやり取りを三者モデルでとらえようとした。夫婦の二者関係に対して、残りの第三項は原家族であったり、子どもであったり、セラピストであったりする。いずれにしろ、夫婦という二者関係は第三項を媒介として相互作用している。相互作用や相互交渉は繰り返されることによって「連鎖」となり、夫婦システムの中に安定的に組み込まれ、その存続に寄与するようになる。

夫婦のように一定の関係が継続する場合、争いはこの「一定の関係の継続」にとってある種のエネルギー源ともなっている。たとえば、夫婦喧嘩の後、仲直りによって親密さが増すこともある。ただし、夫婦の間では「（何を）ルールにするか」についての争いは比較的解決しやすいが、「（誰が）ルールを決めるか」については感情的対立がついて回る。このように夫婦間の争いには、「夫と妻のどちらにルールを決める力があるのか」という、関係の規定をめぐる争いが底流としてあるので、第三者から見れば理解しがたい争いであっても、簡単にやめることができないのである。

夫婦カウンセリングが必要とされる時

わが国では、夫婦カウンセリングの専門家の数が極めて少ないのが現状である。日米両国の夫婦を対象とするカウンセリングの豊富な臨床経験を持つ佐藤（一九九九）は、日本人の夫婦カップルが親密性に関して大きな問題をかかえていることを、鋭く指摘している。佐藤によれば、日本人の夫婦カップルは親密性についての要求が、まず言葉のレベルで話し合われていない。言語化されていないので、本人が自分の親密性についての境界をはっきり自覚できていないわけである。たとえば、性的な親密牲に関して妻たちは、夫との疎遠であわただしいセックスに不満を持ち、それをさまざまな形で夫に伝える。しかし、夫は妻のそのような親密性への要求を「さかりのついた犬じゃあるまいし」などという軽口で片付け、妻を深く傷つける。彼女らが心の底で望んでいるのは、実は「すばらしいセックス」ではなく、「人間的なふれあいがほしい」という性愛的、情愛的親密性だということが理解されていない。結果として、「家庭内離婚」もしくは「心理的離婚」と称される夫婦が、多数存在することになる。

夫婦のためにカウンセラーが最善の面接形態を決定するために、以下の基準が設定される（佐藤、一九九九）。

a、コミットメント（問題に二人で立ち向かい、夫婦関係を変化させようとの積極性があるかどうか。

これがない場合には、夫と妻がそれぞれカウンセラーを持つことになる——個人カウンセリング）

b、問題・症状の所在（コミットはしているが、問題が結婚生活に内在していない場合は、夫と妻が同じカウンセラーにより同時進行の個人カウンセリングを受ける——並行カウンセリング）

c、緊張度（夫婦がコミットしており、問題が夫婦関係に内在しているが、それが慢性化している場合は、夫婦集団カウンセリングを受け、急性の場合は同席合同面接を受ける）

普通、夫婦カウンセリングと呼ばれるのは最後の同席合同面接であるが、これは夫婦が問題に二人で直面することに意味を見出し、しかもその問題が直接二人の「関係」にかかわり、緊急性を持つと明確に知覚されている場合に有効なカウンセリングの技法である。

夫婦カウンセリングの過程

①初回面接とアセスメント　夫婦が問題の緊急性を認識し、共同で解決しようとの構えを見せた時に、夫婦カウンセリングは始まる。初回面接ではアセスメントが中心になるが、多くの情報を得ようとして一方的に質問を続けるようなことは避けるべきである。

②二回目以後の面接　面接が進行するにつれて、夫婦間相互交渉の中心的な話題が変化することを観察し、話題をチェックすることで面接の進行状況が把握できる。

a、金銭、頭痛、役割、帰宅時間などの事柄が中心になる段階
b、個人中心で、話題は〝誰が悪いか〟に集中する段階
c、夫婦の相互交渉が中心となり、対人行為の因果性に気づく段階
d、夫婦関係が中心となり、相互交渉の認識を越えて関係そのものに注目するようになる段階
e、夫婦を取り巻く文脈が中心となり、夫婦の関係のあり方を規定する心理―社会的条件が話し合われる段階

実際の面接過程は明確なかたちでaからeに移行するとは限らず、また面接時間中にもaからeに移り、各段階の間を行き来することも多い。しかし、全体的な流れとしては洞察のレベルが具体から抽象に動くことで、面接は進んでいく。

③面接の行き詰まりと解消　面接過程で、クライエントとカウンセラーの双方が「うまく行かない」との感覚にとらわれることがある。この行き詰まりを解消するための方法として、佐藤（一九九九）は次の三点を示唆している。

a、まず自分と相手の経験している「行き詰まり」の状況に、また、その時経験している気持ちに気づくこと
b、気づいた状況と気持ちを言葉にして表現する。「私の言ったこと通じたでしょうか？」「分かって

もらったかどうか不安なんだけど」「退屈でしょうがない」

c、状況と気持ちの内容を話し合う。どこがどういう理由で行き詰まったのか

夫婦の危機は、日常的に経験するコミュニケーションの「困難さ」に誤った対応をした結果生じたものであるから、危機をきっかけにして夫婦関係を変化させようとする夫婦カウンセリングの第一歩は、コミュニケーションの行き詰まりを解消することにある。その点で、カウンセラーがこの「行き詰まり」に臆することなく真正面から取り組むことが、夫婦カウンセリングの成否の鍵を握ることになる。

4. 子育て支援における夫婦カウンセリングの技法

家族イメージ法の活用

家族イメージ法は、亀口ら（秋丸・亀口、一九八八）によって開発された心理学的家族アセスメント法である（図2参照）。この心理学的用具をひとことで表現すれば、心のなかの家族像を写し出す「鏡」のようなものである。この方法は、個々の家族が自分たち家族にどのような視覚的イメージを抱いているかを明らかにする。具体的には、円形シールを個々の家族メンバーに見立てて、用紙上に印刷された正方形の枠内に配置させる。質問紙法などとは異なり、自身で表現する動作法を用いるところが特徴になっている。個人別に、単独で実施することも可能であるが、むしろ、夫婦が同席した場面で実施し、その結果を

二人で互いに確認し、感想を共有できるところに最大の利点がある。とりわけ、子育て相談の初期段階では、夫婦との面接を通じて何を達成しようとするかについての目標や動機が、夫婦自身にも明らかになっていないことがある。そこで、まず子育てに悩む夫婦が自らの「自家像」を互いに比較検討し、その差異と共通性を確かめておくことが、夫婦とカウンセラーの双方にとってその後の面接展開を促進する有益な示唆を与えることが多い（亀口、二〇〇〇c）。

家族造形法の活用

家族造形法は、デュール（Duhl, B., 1983）らが開発した非言語的な特性の強い家族療法の技法である。家族のイメージやファンタジーを身体的な表現行為へと発展させていく技法として、夫婦カウンセリングでも幅広く用いられている。言語表現が苦手か、逆に言葉だけが上滑りをしているような夫婦に対しても適用可能な点が特徴となっている。

具体的な手順としては、夫婦が自分たちの関係を直接に目で見、

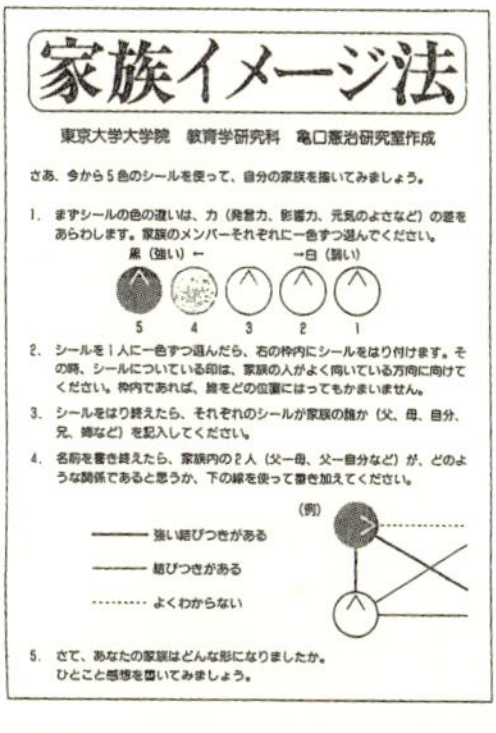
家族イメージ法

東京大学大学院　教育学研究科　亀口憲治研究室作成

さあ、今から5色のシールを使って、自分の家族を描いてみましょう。

1. まずシールの色の違いは、力（発言力、影響力、元気のよさなど）の差をあらわします。家族のメンバーそれぞれに一色ずつ選んでください。

黒（強い）←　→白（弱い）

5　4　3　2　1

2. シールを1人に一色ずつ選んだら、右の枠内にシールをはり付けます。その時、シールについている印は、家族の人がよく向いている方向に向けてください。枠内であれば、紙をどの位置にはってもかまいません。
3. シールをはり終えたら、それぞれのシールが家族の誰か（父、母、自分、兄、姉など）を記入してください。
4. 名前を書き終えたら、家族内の2人（父ー母、父ー自分など）が、どのような関係であると思うか、下の線を使って書き加えてください。

（例）

強い結びつきがある

結びつきがある

よくわからない

5. さて、あなたの家族はどんな形になりましたか。ひとこと感想を書いてみましょう。

氏名

氏名　（イニシャルでも可）　続柄　（例：父親、子等）

作成年月日　年　月　日　年齢　学年　性別　男・女

家族構成

感想

図2　家族イメージ法の実施要領と記入用紙

手で触れて確認できるように身体を素材として造形化していく。これは、夫婦関係の「外在化」でもある。夫婦は交替で彫刻家の役割を取って、自分たちの関係のイメージを造形化することで、互いの差異や共通点に気づくようになる。この一連の体験過程を通して、夫婦は自分たちの関係の歪みや問題点がどこにあるかを発見し始める。

その初期の気づきをもとに、カウンセラーは改善の方向やポイントを示唆し、実際にそのイメージを身体的に表現してみるように夫婦に促す。この時点で、夫婦のいずれかが何らかの抵抗を示すことがある。しかし、経験豊かなカウンセラーであれば、その抵抗自体をイメージとして造形表現に持ち込むように援助することができる。「抵抗」も面接関係を促進する重要なイメージの素材になるからである。最初はぎこちなく表現していた夫婦も、似たようなイメージやパターンの造形表現を数回繰り返すうちに、次第に硬さを脱し、イメージ活動の中に溶け込めるようになる。このような変化は、心身両面での癒しがなされていく過程としても見ることができる。この段階になると、言葉での表現も容易になり、より現実的な問題解決に夫婦は取り組めるようになる。

前述したように、家族造形法は欧米の家族療法家の臨床実践から生み出されたものである。わが国では、一九八八年にデュール、ついで一九九二年にパップ（Papp, P.）が来日し、福岡市で開催されたワークショップの講師を務め、家族造形法の技法を具体的に指導した。私も両女史の指導を受け、その後の家族療法や夫婦カウンセリングの実践において家族造形法をより効果的に用いることができるようになった。

しかし、夫婦によっては通常の面接形態を崩して、身体を使った造形表現に移れない場合も少なくない。

また、カウンセラー自身がそのような技法を夫婦に提案することが困難な場合がある。そこで、筆者はもっと簡便な造形活動を導入することを着想した。それが、以下に述べる「家族粘土法」である。

家族粘土法の活用

非言語的技法あるいは造形的技法として、粘土は遊戯療法や芸術療法の分野ではよく用いられている。粘土遊びの特質としては、「自由な構成と創造の喜びを子どもに与え、子どもの自信・自発性を高める」などの指摘がなされている（高野・古屋、一九九六）。芸術療法は、心の内奥にあるものを何らかの形で表現したいという、人間が生来的に持つ欲望を基礎とした心理療法である。そのなかで、造形療法として粘土の使用は普及した。粘土の持つ特有な触感や立体的なイメージの表出が可能になる点などに治療的可能性を持っている（伊藤、一九九二）。このように、粘土は遊戯療法のなかでは遊具として、芸術療法のなかでは表現手段として扱われている。

これまで、家族療法において粘土を系統的に利用する実践例は少なかったが、「家族粘土法」は有効な面接技法であることが徐々に確認されつつある（横尾・亀口、一九九五）。家族粘土法は、面接室内で家族が共に粘土の触感を共有しつつ造形活動を楽しむものである。その点で、この技法を用いる家族療法は、主に子どもを対象とする遊戯療法とは異なり、親・兄弟を含む家族集団を対象とする「家族遊戯療法」の特徴を備えている。この技法では、症状や問題をかかえたＩＰの子どもだけでなく、その問題で悩み続けてきた親や他の兄弟のストレスや心の傷を癒すために、遊戯療法の原理を巧みに応用している。個人としては問題をかかえた人物としてのレッテルを貼られていない家族成員も、少なからず心の重荷をかかえているものであり、これを無視すべきではない。

子どもを対象とするわが国の心理療法では、母親が面接を受けている間に、子どもが遊戯療法を別のカウンセラーから並行して受ける「母子並行面接」の形態が一般的となっている。しかし、この手法では、同席しない父親や兄弟との関係はもちろん、家族関係全体が醸し出す「雰囲気」やその変化などを、正確に把握することは困難である。少なくとも、子育てのもう一方の主役であるはずの父親が登場しないままでは、両親間のパートナーシップを強化することは困難である。そこで、子育て支援を目的とした夫婦カウンセリングにおいて、粘土法を活用する実践的取り組みが着想され、各地の子育て支援プログラムのなかでも、徐々に実践されつつある。

子育てに伴う苦悩や不安をかかえた夫婦にとって、面接室で自分たち夫婦がうちそろって粘土をこねる体験をすることは、それが現実の深刻さや重苦しさとは対極の雰囲気をただよわせているだけに、予想外のインパクトを受けるようだ。この技法を経験した夫婦の感想として、「事態は深刻であり、こんなのんきなことなどしていられないはずなのに、でも何となく楽しいし、面白い。そういえば、こんな団欒があれば、わが家も明るくなるだろうな」といった心境の変化が語られることもある。

この技法を適切に用いるカウンセラーは、夫婦の体験を促すための「場」をしつらえる黒子の役回りに徹する。ただし、カウンセラーが舞台の黒子と異なるのは、面接場面で展開している夫婦関係の微妙な変化や気づきを、彼らによって作り出された粘土造形を介して読み取れるところにあると言えるだろう（亀口、二〇〇〇a)。

まとめ

夫婦を対象とする子育て支援の必要性について、家族臨床心理学の観点から論述した。また、私自身の夫婦カウンセリングの臨床経験から、子育て支援に有効だと期待される三つの面接技法について簡潔に紹介した。

●引用文献

秋丸貴子・亀口憲治　一九八八　家族イメージ法による家族関係認知に関する研究　家族心理学研究　第二巻一号　六一～七四頁

Carrere, S. & Gottman, J. 1999 Predicting divorce among newlyweds from the first three minutes of a marital conflict discussion. *Family Process*, **38**, 293-301.

Duhl, B. 1983 From the inside out and other metaphors. New York: Brunner/Mazel.

榎本博明　一九九二　夫婦間暴力研究の展望　日本家族心理学会(編)　家族の離別と再生　家族心理学年報一〇　金子書房、一一五～一四一頁

Gottman, J. & Levenson R. 1999 Rebound from marital conflict and divorce prediction. *Family Process*, **38**, 287-292.

グッゲンビュール-クレイグ・A　一九七九　結婚の深層　樋口和彦・武田憲道訳　創元社

伊藤俊樹　一九九二　芸術療法　氏原寛ほか(編)　心理臨床大事典　培風館

泉　ひさ　一九七四　結婚生活への適応　アカデミア　九六号　南山学会

亀口憲治　二〇〇〇a　家族臨床心理学　東京大学出版会

亀口憲治　二〇〇〇b　シンポジウム「心の危機――ライフサイクルにおける転換点」をめぐって　日本家族心理学会(編)

ジェンダーの病　家族心理学年報一八　金子書房　一〇八～一一八頁
亀口憲治　二〇〇〇c　家族イメージ法　福西勇夫・菊池道子（編）　心の病の治療と描画法　現代のエスプリ　至文堂　一六七～一七八頁
亀口憲治　二〇〇二　家族心理学特論　放送大学教育振興会
Margolin, G. & Wampold, B.E. 1981 Sequential analysis of conflict and accord in distressed and non-distressed marital partners. *Journal of Consulting & Clinical Psychology*, **49**, 554-567.
Markman, H.L. 1981 Prediction of marital distress: A 5-year follow-up. *Journal of Consulting & Clinical Psychology*, **49**, 760-762.
岡堂哲雄（編）　二〇〇四　家族論・家族関係論　医学書院
大熊保彦　一九九六　ゴットマンの離婚予測指標　日本家族心理学会編　21世紀の家族像　家族心理学年報一四　金子書房　一四五～一六一
佐藤悦子　一九九九　夫婦療法　金剛出版
Smith, D.A., Vivian, D. & O'Leary, K.D. 1990 Longitudinal prediction of marital discord from premarital expressions of affect. *Journal of Consulting & Clinical Psychology*, **58**, 790-798.
高野清純・古屋健治　一九九六　遊戯療法　日本文化科学社
横尾摂子・亀口憲治　一九九五　家族システムの治療的変化に及ぼす粘土造形法の効果　福岡教育大学紀要四四（第四分冊）、二八五～二九三頁

第13章

―家族機能活性化プログラムを用いた連携の促進―

1. 地域社会と学校

学校と家族の連携の困難性

核家族化、女性の社会進出、少子化、ひとり親家族、単身世帯の急増など、家族の多様化は著しく進むと同時に、家族は小規模化している。反対に、学校はビジネス化が進み、子どもだけではなく、さまざまな人間が関係する巨大システムとなった。子どもの成長に、家庭と学校の影響が絶大であることは周知であり、この双方が連携することは、子どもに関するさまざまな問題の予防とその解決につながる。ただし、家族、学校の両システムは小規模化と巨大化という、全く異質の変化の過程をたどっている。それでも、旧態依然として、原因追及を重んじ、直線的因果論的な問題解決の為という連携についての考え方は学校、家族ともに根強く残っている。このため連携がしばしば原因追求による問題解決を重んじる責任転嫁の関係に陥りやすい。

コミュニティ心理学からの発想

たしかに、学校と家族の連携は容易ではない。連携を促進するさまざまな心理的支援が考えられるが、コミュニティ心理学からの発想が生かされることは必須であろう。

コミュニティ心理学では、家族も学校も地域社会というコミュニティのなかにあり、人々は地域社会を構成するネットワークの一員で、誰しも地域社会の人びととの連携のなかで生きている、と考える。コミュニティ心理学を基盤とする心理臨床家の基本姿勢として、①個人ではなくコミュニティ的介入（システムを志向する）を行い、個人を取り巻く集団、組織という上位システムへの介入を重視する、②予防的視点を重視し、個人を支えていく社会的支援システム作りをする、③地域社会の非専門的協力者を重視したネットワークを強化する、④メンタルヘルスにかかわる問題は、地域社会の家庭、近隣社会、職場、学校などでの多様な専門家との協同のなかで展開されるべきだと理解する等の論点が指摘されている（山本、一九八六）。

2. 家族機能活性化プログラム

学校と家族の連携を単なるスローガンで終らせず、実効あるものとするためには、具体的方法が提示される必要がある。家族機能活性化プログラムは、その具体策のひとつである。

家族教育

「家族教育」とは、大塚（一九八一）によれば「家族成員すべての幸福と創造的発展に寄与する家族全体の安定と向上に資するための教育的営み」である。この基本的課題は、個人と家族の発達段階に関するものと、個人および家族が危機に直面した時にいかに対応するかの方法に関するものという、大きく二つに分けることができる（岡堂、一九九二）。家族機能活性化プログラムは、こうした家族教育を実際に行うための心理教育的アプローチである。

家族機能活性化プログラムの開発

家族機能活性化プログラムは、アメリカでラバーテ（L'Abate, L. et al., 1977）らにより開発された家族啓発プログラム（Family Enrichment Program ; FEP）をもとに、亀口（一九八九）によって、日本の文化特性を考慮して作成、改訂された家族教育プログラムである。プログラムの目標は、個人の内面的な成長への参加者の気づきと家族に対する気づきを促し、家族コミュニケーションを効果的にする技術を教え、

表1 「家族機能活性化プログラム」課題の概要

課題1「ゆりかご」 円のなかにいる人が周りの人を支え、なかにいる人がゆりかごでゆられているような気持ちを体験する。
課題2「自由」 各自が自分のいすを室内のそれぞれ好きな場所を選び座ってみる。家族のなかで自由な位置を占める体験をうながす。
課題3「家族探し」 手で触れた感触だけで相手が誰であるかを当てさせ、家族に対する関心や感受性を高める。
課題4「創作粘土」 何もないところに形を作りだす作業を通じて、家族そろって活動する楽しさを知り言葉ではない表現をお互いに確かめ合う。
課題5「ロボット家族」 自分の行動をただ繰り返すだけで、家族とかかわりを持たない状況のむなしさを体験する。誰の指示もない行動から、自分の日頃の行動との違いについて考える。
課題6「動物家族」 イメージのなかの家族に、現実的なオリを登場させ、変化に対する家族の様子を考える。
課題7 「イエス・ノー・ゲーム」 家族が互いに質問し合って、意思表示を明確にする。
課題8「家族造形法」 家族員一人ひとりの役割とその全体関係を、視覚的・身体的に体験する。
課題9「自己表現」 「あなたは頑固か素直か？」などの定められたいくつかの質問に答えながら、家族成員の相違点や共通点を発見する。
課題10「楽しみ」 自分の楽しみを自由に話しながら自己表現し共感される楽しみを体験する。
課題11「役割分担」 家族のなかで自分の役割についてお互いに話し合い、家族のなかでの自分について考える。
課題12「相互理解」 日頃不満に思っていることを話してその解決策を考える。この過程から、お互いを理解し話し合いの雰囲気づくりを練習する。
課題13「意思決定」 お互いの主張を出し合って、家族としての意見をひとつにまとめる。
課題14「社会とのつながり」 自分の家族と親類・学校・職場などの社会との結びつきを考える。
課題15「家族イメージ」 家族関係を家族をシールに置き換えて枠内に示すことで、家族関係の全体的なイメージを簡潔につかむ。

家族が問題解決のスキルを改善できるように援助することである。さらに、人間の感情表現を言語を用いずに行う方法の学習、無意識的な非言語的サインへの焦点づけなどを副次的な目標としている。プログラムは、全一五課題からなり、情緒的な課題から認知的課題へ、個人的な体験から家族体験レベルへ、非言語的・動作的課題から言語的課題へといった原則に立って構成されている。ただし、実施順序、課題選択は固定的なものではない（表1、亀口、一九九二を修正）。

プログラムを実施するにあたり、模擬家族を構成し、家族ロールプレイを行うことで、家族生活における自己理解、他者理解、関係理解を深めることができる。

3. 学校と家族の連携の促進

福岡県遠賀郡水巻町における実践の紹介

福岡県遠賀郡水巻町では、平成八年度から水巻町教育委員会による家族機能活性化プログラムを活用した「家族機能活性化事業」が進められている。実践に当たっては、「家族機能活性化研修会」として水巻町ＰＴＡ連合会の協力のもと、同町の五つの小学校のＰＴＡ役員二〇名を中心に参加者を募った。筆者らが主にかかわったのは平成九～一一年であるが、ここでは小学校を巡回して実施するようになった平成一〇年度の「家族機能活性化研修会」（全八回）の第三回と第六回の研修会を例にとって、家族機能活性化プログラムが具体的にはどのように進行していくのかについて以下に示す。

第三回：非言語的コミュニケーション

テーマ：言葉を使わないコミュニケーションとは、どういうものなのか？ 課題一「ゆりかご」実施の目的に基づき、"ふれあい"というコミュニケーションによる信頼感を体験する。

家族機能活性化プログラム　課題1「ゆりかご」の活用（写真1）

目的：家族相互の信頼感を各人が身体レベルで体験する。

手順：①全員が立ったままで、隣の人の肘を持ち、円陣をつくる。②小柄な人が最初に円陣のなかに入り、胸の前で両腕をくみ目を閉じる。③トレーナーの合図で、なかの人は足を閉じたままでその場で揺れ動くか、あるいは自由に動き回る。④周りの人は円陣としてつながったままでなかの人の体に触れる。（全員の手が中央にいる人を守るロープの役割をする）。⑤二～三分でなかに入る人は交代し、全員が一度はなかに入る。

第六回：問題解決能力と家族内コミュニケーション

テーマ：家族の中で家族メンバーそれぞれが担っている役割に対して気づくこと。それとともに、日常生活における家族問題の解決方法を話し合うという体験をする。

家族機能活性化プログラム　課題12「相互理解」の活用（写真2）

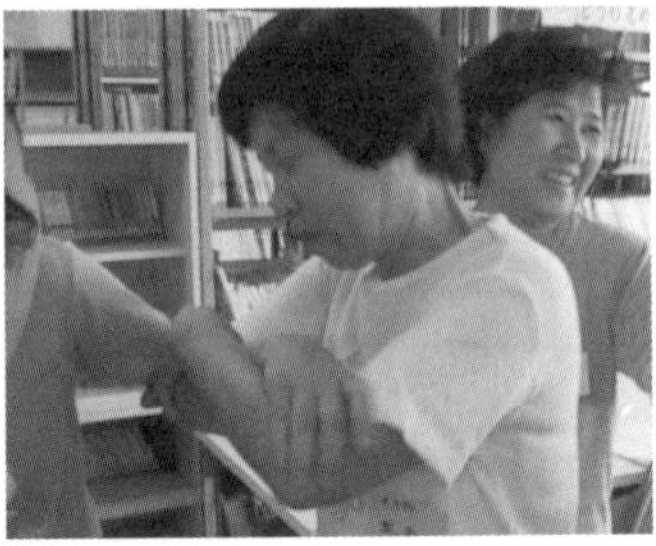
写真1　「ゆりかご」

写真2　模擬家族で「相互理解」

目的：日常場面の具体的な場面での家族の相互理解を深める。
手順：①日常の生活場面で不満に思っていることを各自が訴える（たとえば、食事、風呂、就寝時間、テレビ視聴など）。②そのなかでも家族が最も強く解決を望んでいる場面を取りあげる。③どうすれば、それを解決できるかを話し合う。

〈I・家族機能活性化プログラムの実施の手順について〉

研修会は約九〇分。研修会の流れは、おおよそ五つの段階を踏む（表2）。

①事前ディスカッションの段階　参加者個々の研修会へのニーズが何かを知る。またグループとしての連帯感や共感的雰囲気が生じることも意図している。

また、次段階の家族機能活性化プログラムの体験が、参加者のニーズにそったものになるよう、動機づけの意味を含めた参加者全体での話し合いをする。

②体験の段階　家族機能活性化プログラムを実施する。特にここで重要なのが模擬家族作り（家族ロールプレイ）である。課題にそって四、五人で模擬家族を作り、ロールプレイをするのである

表2　研修会の流れ

①事前ディスカッション 課題を実施するにあたって ・目標，“ねらい”の共有化 ・課題への動機づけ ↓
②体験（模擬家族を作り，家族機能活性化プログラムの課題を実施） ↓
③模擬家族のグループでの感想など話し合い ↓
④全体ディスカッション ↓
⑤ふりかえり用紙記入 ・ふりかえり用紙の回収　・次回の予告

が、やはり、知らない人と模擬家族を作ることに抵抗を感じ、不安や気恥ずかしさから、ロールプレイの役になることが難しい参加者もある。家族ロールプレイが雑談以上の意味を持たず、プログラム本来の目的が薄くなってしまう。家族機能活性化プログラムの有効性を左右するのは家族ロールプレイだと言っても過言ではない。そこで、トレーナーであった筆者は、ロールプレイに対する参加者の抵抗や不安感が軽減され、参加者のプログラム体験がスムーズに進むように、しばしばその日の研修会のテーマと実施予定のプログラムの課題に沿って、参加者がプログラムを実施する前に、家族ロールプレイ経験者の参加者数名と、あるいは他のトレーナーらと、まず家族ロールプレイの実演をした（写真3）。

③模擬家族のグループでの感想など話し合い、④全体ディスカッション、⑤ふりかえり用紙記入（写真4、5）　これら三つの段階の主な目的は、トレーナーも含め参加者全員での体験のわかちあいと、体験を自分なりに考察し、現実の家族生活に生かしていけるように意味づけることである。筆者は特に、文章化することで研修会での体験が深化することを意図し、各回ごとに「ふりかえり用紙」を準備して、体験についての感想、意見等を記入してもらった。

写真3　家族ロールプレイの実演

写真4　全体ディスカッション

これはまた、トレーナーであった筆者にとって、よりよい次の研修会を持つための重要な資料となった。

連携を促進するポイント

〈Ⅱ・PTAの協力・会場が学校であること〉

参加者の中心はPTAの役員であるが、あらかじめPTA役員の広報活動を通じて、PTA役員以外の保護者、あるいはその他の地域住民の参加を得ることができた。こうしたことから、学校と家族の連携を促進するポイントとして、①保護者会やその他の学校の行事ではなく、「家族」という誰にでも身近で重視している話題を扱う研修会のために学校に保護者等の大人が出向くということ、②あくまでも参加者（PTA）主導型の研修会とし、参加者のほとんどが同じ立場（小学生の子どもがいる、同世代、大多数が母親、など）であるため、連帯感、共感が生じやすい、③PTA役員が、学校単位の「役」にとらわれた「お世話係」的立場から、より近隣社会における啓発的で教育的な役割を担うことになること等が挙げられる。また、会場が学校であることで、参加者以外の学校関係者にとっても研修会が認知されやすく、学校に対する新たな視点を家族側が持つことにもつながる。

写真5　ふりかえり用紙に記入

〈Ⅲ・トレーナー側の要因〉

研修会は、あくまでも参加者主導型の体験学習であることを強調した。たとえば、筆者は研修会の第一回に『家族の絆を深めるために～家族機能活性化プログラムを用いた体験学習～』という研修会の意図、家族機能活性化プログラムの説明を記した資料（プリント）を参加者に配布し、参加者中心の体験学習であることを説明した。また、参加者の発言が重要な研修会の学習素材でもあるため、研修会を通してトレーナーは最小限の調整役に終始するよう努めた。一方で、こうした姿勢をトレーナーがとることで、特別な心理学的知識がなくてもトレーナーはできるし、家族機能活性化プログラムができることを知ってもらい、ゆくゆくは参加者からトレーナーが育つことを研修会の副次的目的とした。

このようなトレーナー（家族心理士あるいは家族相談士等の有資格者が担当するようになることが期待される）のあり方が、学校と家族の連携を促すことにつながり、家族機能活性化プログラムを通じて「家族教育」という目的性を持った地域社会の相互的援助活動の意味をも十分に担うことになる。

4. これからの課題

家族ライフサイクル

家族システムの変化に着目したカーター（Cater, E.A.）とマクゴルドリック（McGoldrick, M.）による家族発達段階理論など、さまざまな家族発達理論がある（岡堂、一九九二）。しかし、これらを固定的にとらえ、多様化が進む現代の家族に当てはめることは、もはや不可能であろう。ただし、柔軟に用いれば、家族支援を受ける側のニーズを把握するのに役に立つ。つまり、こうした家族ライフサイクルの視点は、これからの学校と家族の連携には必須であり、家族機能活性化プログラムを用いた学校と家族の連携の促進には、子どもを持つ家族だけではなく、より多様な家族を対象としたプログラムの実施方法を確実に構築していかなければならない。

参加者について

学校と家庭の連携を促進するためには、個人と対象とした支援だけでなく、家族システム、学校システム、そして広くはコミュニティをも考慮して、その支援の方策が立てられなければならない。しかし、いまだに家事や養育に主にかかわるのが母親であり、上記の研修会への参加者はほとんど母親であった。現在、多発している家庭における親の子どもへの虐待の事件からも、今後は親のあり方、特に父親の家庭生活における役割が重要視されるであろう。亀口（二〇〇〇）は、『家族と学校の連携をはかるうえでの問題点は、母性原理に独占された子育てや教育の現状に、いかにして父性原理を「適切かつ適度に」持ち込むかという課題に尽きるのではないだろうか』と述べている。学校と家族の連携に父親を組み込むことがこれからの課題である。そのためにも、まず「家族教育」を夫婦で受ける機会を設ける取り組みこそ、これからの学校と家族の連携には必要ではないだろうか。そこから、「未来の学校像」や、「家族と学校の連携の姿」が浮かび上がってくるものと期待される。

●引用文献
亀口憲治　一九八七　家族とは何か――家族関係への心理教育的な介入　岡堂哲雄（編）　家族関係の発達と危機　同朋舎出版
亀口憲治　一九九二　家族システムの心理学　北大路書房
岡堂哲雄（編）　二〇〇〇　家族臨床心理学　子どもの問題は家族で解決する　東京大学出版会
大塚義孝　一九八一　家庭教育学と生涯教育論――その心理的寄与をめぐって　児童教育学研究京都女子大学紀要一〇・一一合併号
山本和郎　一九八六　コミュニティ心理学　東京大学出版会

●参考文献
市川雅美　一九九九　母親への「家族教育プログラム」の有効性の検討　体験学習に基づく実践を通して　福岡教育大学大学院教育学研究科学校教育専攻修士論文
亀口憲治　一九八七　家族機能活性化プログラムの作成と検討　日本家族心理学研究（編）　家族心理学年報五　金子書房
亀口憲治・堀田香織　一九九八　学校と家族の連携を促進するスクール・カウンセリングの開発Ⅰ　東京大学大学院教育学研究科紀要
河合隼雄・東山紘久（編）　一九九八　家族と福祉領域の心理臨床　金子書房
L'Abate, L. et al. 1977 *Manual: Family Enrichment Programs.* Georgia State University.
岡堂哲雄　二〇〇〇　家族カウンセリング　金子書房
岡堂哲雄（編）　一九八五　現代のエスプリ　家族療法と親教育　至文堂
津村俊充・山口真人（編）　一九九二　体験から学ぶということ――体験学習の循環過程　人間関係トレーニング　ナカニシヤ出版
氏原　寛・成田善弘　二〇〇〇　臨床心理学③　コミュニティ心理学とコンサルテーション・リエゾン　培風館

第14章

―家族療法的カウンセリングの実際―

1. 家族相談士の仕事

家族療法的視点に立つカウンセリングを実践する専門家の資格認定については、わが国では、これまでその整備が十分になされていなかった。しかし、児童虐待・不登校・離婚の増加、あるいは少年による凶悪事件の頻発等をきっかけとして、家族問題への関心が高まり、近年、その充実が急速に図られている。具体的には、家族相談士と家族心理士という二つの資格が、家族心理士・家族相談士資格認定機構によって認定され、家族療法的カウンセリングによる援助活動を行っている。現在、東京と関西・および東北地区で家族相談士養成講座が開設され、すでに六〇〇名を超す家族相談士と五〇名近い家族心理士が認定されている。今後、九州、中国四国地区でも講座開設が予定されており、その準備が進んでいる（杉渓一言、二〇〇二)。

ここで、家族相談士の実践活動の具体的な内容が理解できるように、日本家族カウンセリング協会の相談部門である「ファミリィサポート・ルーム」について紹介しておきたい。母体となる日本家族カウンセリング協会は、日本家族心理学会との連携のもとに一九八五年に設立されて以来、家族カウンセリングの理論や技法に関する学習の機会を提供して、問題をかかえて悩む家族の心理的援助を通して社会に貢献できる人材を育成してきた。所定の養成研修を受けて資格試験に合格した者には、日本家族心理学会と協会との共同で設立した家族心理士・家族相談士認定機構が、「家族相談士」の資格を授与している。

家族相談士の養成研修を受講する動機として、教育相談、企業の相談室や病院の看護の場などで活動する中で、家族についての理解が不可欠であることを痛感したからという理由を挙げる者が多い。協会としても家族支援の場を協会内に置く必要を感じて検討を重ね、二〇〇一年に家族相談士が常駐する相談室を、その名も「ファミリィサポート・ルーム」として発足させた。切羽詰って援助を求めてくる家族の声や、続発する痛ましい事件に背中を押される感じでの出発であった。当面はささやかな活動ではあるが、家族としての機能を果たせずに困難を来たしている家族を支える役割は大きいと考えている(亀口・遠山、二〇〇一)。

外部の社会と適切なつながりを持てずに孤立し、家庭でも居場所がなく、個々に袋小路に追い詰められているバラバラの家族成員。その閉塞状況に一箇所でも風穴を開けることができたら、どれほど救われるだろう。さほど大きな問題ではなくとも、自分たちだけでは対処できず、行き詰まっている家族が多い。

その家族が持っている潜在的な問題解決能力を、うまく引き出す社会的支援が求められている時代である。育児に行き詰まって、密室でわが子にイライラをぶつけざるを得なかった母親が、相談室で責められることなく安心してその気持ちを吐露できる体験をした時、わが子への対応が変わる。離婚するしかないと思いつめていた妻も、家族療法的カウンセリングを学んだカウンセラーを介して夫との間で会話を成立させ、互いのずれを確認し、双方の違いを違いとして認め合えた時、やり直す気持ちになれる。かかえている問題が解決されたわけではない。そこに流れる空気が多少変化しただけであっても、それが互いの心に余裕を生み、家族として積極的にかかわっていこうとする意欲を芽生えさせる。もちろん、現代における家族の問題は複雑化しており、風穴を開けるだけでは済まない場合は多い。しかし、どれほど困難な状況にあっても、そこに専門的知識と理解を持ち、家族療法的カウンセリングの技法を習得した者が、批判的ではない姿勢と関心を持ってかかわる時、家族はその困難な課題に取り組む勇気を獲得できるのである。

2. コネチカット州のＦＲＣの現状

ここで、ファミリィサポート・ルームの設立や運営において参考にしようとしている先行モデルのうち、全米各地の有力なものを簡潔に紹介しておく（表3を参照）。特に、ＦＲＣ（family resource center）が発達しているコネチカット州の現状について、詳しくみておきたい。

コネチカット州では、すでに一八ヶ所のＦＲＣが州政府の教育局予算によって設置されている。一九九

表3　アメリカ各地におけるFRCのモデル（亀口・遠山, 2001,pp.189-191より作表）

①シカゴのモデル
　ファミリィ・フォーカス社は，学校，保健施設，そして社会福祉の各機関を有機的に結びつける役割を果たしている。その業務には，相談所，親子活動，親教育，児童の健康および発達検査，学習指導，職業訓練等がある。
②ケンタッキーのモデル
　家族資源および青少年支援センターは，ケンタッキー州全域を対象とするきわめて野心的なプログラムであり，社会的支援と教育的支援を統合することを目的として設立された。このセンターは，個々の生徒よりも学校がかかえるニーズにプログラムの目標を絞っている。FRCでは，学童保育，親教育と子ども教育，親子活動，児童指導員対象の研修等のプログラムが提供されている。青少年センターでは，保健指導，職業指導と雇用相談，精神保健カウンセリング，危機介入，薬物乱用カウンセリング，送迎，レクレーション活動等が行われる。
③サンフランシスコのモデル
　ここでは，親支援グループ，親教育，子ども，親，養育者のためのプレイルーム，個人および家族カウンセリング，子育てライブラリーが提供されている。
④ミネソタのモデル
　プロストフィールド小学校では，学校を総合的な窓口として家族への支援が行われている。ここのプログラムでは，教師に総合的な資源マニュアルが与えられ，さらに家族のニーズをどのように把握し，またどのように関連機関を紹介するかについて体系的な研修が実施される。社会福祉機関の職員が学校に常駐することで，関係諸機関との即時的対応も可能である。
⑤ニュージャージーのモデル
　州全域で教育支援と福祉支援を連結させるプログラムが展開している。具体的には，学校に設置された保健センターでは心身の保健支援が提供される。一方，FRCでは学童保育，十代の親を対象とする支援，職業教育，およびその他の家族支援のプログラムが提供されている。
⑥テキサスのモデル
　テキサスのプログラムでは，学校の生徒全般を対象とするのではなく，最も支援を必要とする生徒に対象を限定して支援の効果を最大限に高めようとしている。1979年に始まったプログラムでは，中退の恐れのある生徒が対象になった。家族と協力して出席率，学力，卒業率を向上させ，職業技能を身につけさせ，非行を減少させ，さらに社会性や人間性の発達を支援している。ニーズに応じたさまざまなプログラムが提供されている。核になるプログラムは，個人および家族カウンセリング，講義，啓発プログラム，親指導，保健機関への紹介，職業訓練と就職指導である。
⑦ミズーリのモデル
　ウォールリッジ地域介護プログラムは，学校と家庭をそれぞれの基盤とする支援センターを結合させたものである。家庭を基盤とする支援には，ケースマネージメントや危機家族への集中的な援助プログラムが含まれている。精神保健，薬物中毒，学習カウンセリングサービスは，学童保育，学習指導等と同様に学校で行われる。親に対しては，職業訓連や雇用相談も行われる。
⑧コネチカットのモデル
　コネチカット州政府の予算によって複数のFRCが設置されている。コネチカット・モデルの特徴は，各公立小学校にFRCを設置し，学校をコミュニティの資源として最大限に活用しようとするところにある。

〇年に三つのＦＲＣが、まずパイロット計画として開始された。一九九四年には、一八ヶ所に拡大し、外部評価も行われた。コネチカット・モデルでは、各公立小学校にＦＲＣを設置することを目標に掲げ、学校をコミュニティの資源として最大限に活用することをねらっている。ＦＲＣへの参加は、無制限、バリアフリー、かつ自発的利用であることが原則となっている。これは、ＦＲＣが何か欠陥や病理を有した家族の治療や矯正を目的として設置された施設であり、そこに出入りすること自体が、コミュニティの成員から何かしら誤解やマイナスのイメージを持たれることを避けるための措置でもある。

ここで提供される各種のプログラムのうち、「家族訓練」について説明しておきたい。家族訓練は、ミズーリの「教師としての親」カリキュラムを使った親教育プログラムであり、在宅で受講できることが魅力になっている。このカリキュラムは、妊婦が妊娠第三期になった時点から子どもが三歳の誕生日を迎えるまで、家族全員が受講できるように構成されている。この時期内であれば、家族はいつでもこのプログラムに参加することができるようになっている。このプログラムの訓練を受けた親教育の専門家が、参加家族の家庭を定期的に訪問して訓練指導を行っている。

三年間にわたる家庭訪問の目的や役割は、発達段階や子育ての問題に応じて柔軟に回転しながら変更されていく。初期の訪問の目標は、訪問者と親との間の関係作りや信頼感の形成に置かれる。周産期や発達にかかわる情報は共有され、子育ての問題については十分に話し合いがなされる。このプログラムに加わっている間に、両親は観察能力を養い、子どもの発達上の変化を的確に把握できるようになる。家庭訪問の間に、親教育専門家は、子どもの言語、運動、社会性、さらに認知の発達段階を親が適切に判断できるように指導し、次第に兄弟葛藤などの問題が家庭訪問のテーマになっていく。

家族訓練プログラムの参加者は、月例会に招待され、そこで、他の家庭の子どもや親たちと触れ合う機会を持つことができる。そこでは、複数の親子が同時に参加するプレイグループの時間が設定されていて、親子ともども楽しむことができるように工夫されている。また、特別講師やＦＲＣのスタッフが話題を提供し、親自身がグループにかかわる議題について話し合うこともある。

3. ファミリーサポート・ルームの設置

ＦＲＣなどの、アメリカの家族支援プログラムで活躍する専門家の数には遠く及ばないものの、わが国でも前述した家族心理士・家族相談士認定機構によって認定された家族相談士が、まもなく六〇〇名を超す段階にある。彼らは、家族療法的カウンセリングをはじめとして家族支援に必要な専門的素養を身につけているものの、これまでは組織的に家族支援の活動を展開する実践の場に恵まれない状況に置かれていた。そこで、日本家族カウンセリング協会、家族心理士・家族相談士認定機構、および家族心理学会の三者の緊密な連携によって、日本版のＦＲＣ第一号とも言うべき、ファミリィサポート・ルームを日本家族カウンセリング協会事務局内に設置することになったのである。

現状では、公的な財政援助や民間からの寄付等を受けていないために、スタッフとして活動する家族相談士の勤務条件は、さほど恵まれていない。また、個別相談を依頼してくる家族には運営費の一部を、相談料の実費分として負担していただかなければならない状況にある。しかし、継続的に質の高い家族支援の活動を提供していくためには、家族相談士の研修も欠かすことはできない。これも、現在は家族相談士自身が参加費を全額負担する形で研修プログラムが運営されている。アメリカ各地のＦＲＣは、連邦政府、州政府からの財政援助、あるいは民間の財団等からの多額の寄付等によって運営されている。激しく変動する社会のなかで翻弄され、弱体化した家族の危機を回避し、二一世紀を生きる次世代の家族の形成を援助するためには、わが国でもその実務に当たる専門家の養成や研修に十分な財政的援助が不可欠である。

4. 家族相談士の養成と資格認定

わが国の家族相談士の増加に伴い、今後は、その継続研修の機会と質をいかに保証するかが重要な課題となっている。そこで、家族心理士・家族相談士認定機構は、その指導的役割を担う専門家として、二〇〇〇年度から新たに「家族心理士」の認定業務を開始し、二〇〇一年に一三名の家族心理士を認定した。参考のために、家族心理士の資格認定について要件を示しておくことにしよう。家族心理士は、家族を心理的な面から援助するとともに、そのために必要な理論や技術を研究し、発展させることを目的とする資格である。受験資格は、以下の条件のひとつに該当する者となっている。

①大学院博士前期課程（修士課程）において、家族に関する心理・臨床領域について研究し、かつ修士号を取得した後、二年以上一〇〇〇時間以上の家族援助の臨床経験がある者。

②臨床心理士、認定カウンセラー、中級産業カウンセラーのいずれかの資格を有し、その資格を取得した後、家族に関する心理・臨床領域について研究し、一年以上五〇〇時間以上の家族援助の臨床経験がある者。

③「家族相談士」の資格を取得した後、家族に関する心理・臨床領域について研究し、二年以上一〇〇〇時間以上の家族援助の臨床経験がある者。

④上記①②③のいずれかと同等の資格条件を有する者（家族援助の臨床経験とは、家族療法・家族カウンセリングの理論と方法に基づいた心理臨床的支援の経験を言う）。

将来的には、家族心理士の有資格者が家族相談士養成の中心的役割を担うようになることが期待されている。また、現在は、東京地区でのみ実施されている家族相談士の養成講座が関西地区や東北地区でも開催される予定であり、現在家族心理士・家族相談士認定機構による講座認定のための手続きを整える段階にある。この作業が順調に進めば、今後三〜四年で約七〇〇名を超す家族相談士を全国規模で養成することも不可能ではないと予測している。

ＦＲＣをモデルとする家族支援センターを全国的に整備するためには、少なめに見積もっても数千人規模の専門家が必要とされるだろう。家族相談士や家族心理士が中核になるにしても、さらに幅広く専門家を養成することも考慮すべき段階が来るのではないだろうか。その際には、文部科学省や厚生労働省といった省庁ごとに、全体的な見とおしを欠いた縦割り的な行政施策を散発的に実施することは好ましくない。次世代の家族作りを日常生活の根底部分で支えるような、省庁横断的で、かつ総合的なプログラムを地方自治体や民間のNPOあるいはNGO組織とも連携して作成・実施し、終了年度ごとに厳密な外部評価を受け、さらに改良を加えたプログラムを順次提供していくべきではないだろうか。

資格取得に関連する情報を入手するためには、家族心理士・家族相談士資格認定機構事務局（電話：〇三―六七六五―六三五五）に問い合わせされると良い。また、関連する主要な学協会は、以下のとおりである。

日本家族心理学会　〒一一三―〇〇三三　東京都文京区本郷二―四〇―七　YGビル5階（電話：〇三―六七六五―六三五五）

NPO法人日本家族カウンセリング協会　〒一六六―〇〇〇三　東京都杉並区高円寺南一―七―八―一〇二（電話：〇三―三三一六―一九五五）

日本家族研究・家族療法学会　〒五二〇―二一四四　大津市大萱一―一九―二五湖南クリニック内　日本家族研究・家族療法学会（電話：〇七七―五四五―八五一四）

●引用文献

亀口憲治・遠山千恵子　二〇〇一　家族支援センターとしてのカウンセリングルーム　現代のエスプリ「学校心理臨床と家族支援」　至文堂　一八六―一九三頁
杉渓一言　二〇〇二　家族カウンセリングのすすめ　子どもの未来社

結　び

〈家族力〉という言葉を手がかりに、変動期にある家族の深層の仕組みとその再生のための手がかりを探ってきた。読者にとっての「家族」のイメージに、何らかの変化が生じただろうか。家族力の根拠とはいかなるものであるかについて、多少とも参考になることがあったとすれば、幸いである。家族力の根拠は、「家庭」という場所ではなく、家族という「人」が協働して生み出す〈物語〉にこそ存在することを、一人でも多くの人が理解するようになることを願ってやまない。

筆を置くに当たって、家族力という言葉が生み出すイメージを読者とともに再確認しておきたい。家族力という言葉の母胎からはさまざまなイメージが派生するが、そのひとつに伸縮自在の「網」がある。この網のイメージは、第Ⅳ部で取り上げたネットワークの特徴を連想する時に役立つものである。その網（ネット）の、縦糸によって結ばれた関係が世代の異なる親子関係だと想定すれば、横糸によって結ばれた関係の代表格は、同世代の夫婦関係ということになる。

これまで、家族といえば、まず「血のつながり」としての縦方向の関係性を思い浮かべることが通例であった。それを象徴する関係は、言うまでもなく母と子の絆であった。しかし、わが国における「少子化」の傾向は今後も続くものと見られており、さほど遠くない将来に、日本人の数が半減（二一〇〇年時点で六四〇〇万人の推定）してしまうことが予測されている（国立社会保障・人口問題研究所、二〇〇二）。

すでに、多くの若い世代の夫婦関係の横糸から、次世代への縦糸が伸びないままになっている。そこには、現代日本における子育ての難しさが、如実に反映されていると理解しても良いのではないだろうか。なぜなら、同世代の半数を超す多くの母親が仕事をするようになったにもかかわらず、子育てはあいかわらず、実質的には母親の「専門領域」とされ、仕事との両立を強いられている。また、仕事をしていない主婦は、まさに「専業」であるが故に、孤立した育児を余儀なくされている。子育ての現実は、政府あげての男女共同参画社会のかけ声とはほど遠い。そこには、わが国独特の建前と本音の乖離が露呈している。

その矛盾を肌身で感じている日本の女性が、子どもを生もうとしなくなったのは、当然の結果かもしれない。次の世代を育てていくことは、まさに男女共同の責任であり、社会全体で負うべき大切な任務であるはずだ。若い女性にだけ責任を押しつけたままでは、次世代を育む〈家族力〉は強化されない。何よりも、夫婦を結ぶ心の横糸を強めることが必要だろう。具体的には、夫婦のコミュニケーションの質を高め、建前ではなく、本音で語り合い、そして理解し合う努力が求められている。この点で、いまだに言葉にすることを避け、いわゆる「以心伝心」に頼りがちな男性側の意識変革を、どこまで実現できるかが、成否の鍵を握っているようだ。

その意味では、これからの日本の家族力の浮沈の鍵を握っているキーパーソンは、平均的な日本人男性なのではないだろうか。とりわけ、今後数年のうちに大多数が定年を迎える団塊世代男性（私自身を含め）の動向は注目される。その多くが、本書で展開した〈家族力〉という概念の潜在的な重要性に、うすうす気づき始めているのではないだろうか。考えてみれば、団塊世代の男性は、戦後半世紀の間にその都度の時代の変化や価値観の変動に晒されてきた。俗な表現で言えば、「もみくちゃにされた世代」と呼んでも差し支えないのではないかとさえ思うことがある。

戦争によって焼け野が原となった国土に産み落とされた、われわれ「時代の子」は、絶えず時代の波に翻弄されてきた。幼い時は、鉄腕アトムに象徴される万能の夢を託され、高度成長期には無限の消費欲求をあおられ、多感な青年期には対抗文化の旗をかかげる造反者としてのそしりを受け、また安定した社会構造に取り込まれた中年期にはバブル経済の牽引役を押しつけられ、果てはバブル崩壊後のリストラの有力候補とされる処遇を受けてきた。悪いことばかりではなかったにせよ、お世辞にも恵まれた世代とは言えないだろう。複雑な心境に陥るのも、宜なるかなである。

しかし、同世代の一員として、私は、この世代の類いまれな共通体験を否定的にではなく、肯定的にとらえ、残された人生を生き抜く「資源」として再活用したいと念願している。むしろ、これからの後半生にこそ、団塊世代が経験してきた複雑で多元的な価値観と折り合う心理的な「コツ」を、さまざまな分野で生かすことができるかもしれない。その予感は、私が家族療法の実践を通して体得してきた「臨床の知」とも、どこかで通底しているように感じられる。

二一世紀初頭の現在は、団塊世代自らによる、いわば「中間的総括」に最適な時期かもしれない。私自身、この世代が単なる巨大な「人間の塊」などではなく、急速に変動を続けた二〇世紀後半の日本社会で、手探りをしながらも懸命に生き抜いてきた愛すべき人々の群像であることを、いつの日か代弁したいと考え続けてきた。その日本社会が、また人口急減という大きな岐路にさしかかっている。「団塊ジュニア世代」と呼ばれるわれわれの子どもの世代は、ひきこもりの急増に見られるように、われわれ親世代とは異なる心理的困難に直面し、足踏みしている者が多い。彼らは、その次の世代を生み出し、そして育むことができるのだろうか。彼らの戸惑いは、先行するわれわれ自身の人生終盤に向けての戸惑いとも、無縁ではない。

とりわけ、男性陣の戸惑いは大きい。終戦直後と異なり、目指すべき「モデル」が、どこにも見えてこないのである。世代に共通するヒーローはもちろん、アンチヒーローすら見出すことは困難である。そのような父親たちの方向喪失感が、息子たちの世代にも影響しているのではないだろうか。われわれの責任は大きい。そこで、私が下した結論は、足下の等身大の「家族」に目を向けることだった。最初は、半信半疑だったものの、二十数年の悪戦苦闘を経て、当初の予感がやがて確信に近いものへと変化してきた。今となっては、苦労は無駄でなかったと思えるようになってきた。本書は、その果実のひとつでもある。ただし、本書を味わった読者にとっては、苦みや渋みが強すぎると感じられたかもしれないと、多少は懸念している。

本書の内容について、私と同世代の読者あるいは他の世代の読者の方々の忌憚のない意見や感想をぜひ聞きたいものだ。言うまでもなく、同性のみならず、異性である女性陣のご意見も拝聴したい。手厳しいご意見も多いはずである。その時の準備のためにも、さっそく今から、わが女房殿を相手に、自らの〈根拠〉を固めるべく稽古に励むことにしよう。

●引用文献

国立社会保障・人口問題研究所　二〇〇二　日本の将来推計人口

初出一覧

第2章　現代家族の光と影　現代のエスプリ、二七一号、「家族の風景」、一九九〇年
第3章　現代の愛と癒し　現代のエスプリ、三一八号、「愛と癒し」、一九九四年
第4章　児童虐待と家族の心理　家族心理学年報、一五号、「児童虐待」、一九九七年
第5章　思春期の母子システム　家族心理学年報、七号、「思春期・青年期問題と家族」、一九八九年
第6章　父性愛　現代のエスプリ、三一八号、「愛と癒し」、一九九四年
第7章　親を育てる子どもの苦労　現代のエスプリ別冊『マリッジ・カウンセリング』、一九九二年
第8章　子どもを伸ばす家庭教育　教育と医学、第四三巻第一号、一九九五年
第9章　父親の新たな役割とその機能　日本教材文化研究財団研究紀要、三二号、二〇〇三年
第10章　中年期の親子関係（原題「子どもとの関係」）　精神療法、第二七巻第二号、二〇〇一年
第11章　家族療法から見た祖父母の役割　心理臨床、第七巻第四号、一九九四年
第12章　子育て支援としての夫婦カウンセリング　家族心理学年報、二〇号、「子育て臨床の理論と実際」、二〇〇二年
第13章　家族機能活性化プログラムを用いた連携の促進　現代のエスプリ、四〇七号、「学校心理臨床と家族支援」、二〇〇一年
第14章　家族カウンセリングの実際（原題「家族支援センターとしてのカウンセリングルーム」）　現代のエスプリ、四〇七号、「学校心理臨床と家族支援」、二〇〇一年

あとがき

奇しくも、この一文を書き始める数日前から、日本経済新聞で本書のテーマに密接に関連する大型の特集「未知なる家族」の連載が開始された。一面のトップを飾った初回の記事には、「人口減、ニッポンの大誤算」「『標準世帯』が消える」などの人目を引く特大の見出しがつけられていた。その後も連日、これまで前提とされていた日本の家族の根拠が失われ、予想もされていなかった事象が次々に表面化している現状を紹介する記事が掲載されている。

その一連の記事に目を通しながら、二十年前に、いずれ日本でも「家族の根拠」が問われるようになるだろうと見ていた私の予感が的中してしまったという思いを強くした。もっとも、それよりさらに早くその懸念を示したのは、私の妻であった。心理療法を専門とする私の仕事を脇で見ていた妻には、その頃から「個人」の心に及ぼす家族の影響がよりいっそう強烈に印象づけられていたようだ。また、その時期がわが家族のニューヨーク在住時代と重なっていたことも、またわれわれ夫婦に大きな影響を与える要因となっていた。なぜなら、当時のアメリカの家族はすでに変革の時代を迎えており、やがて訪れる日本の家族の未来像を提示してくれていたからである。

本書の出版のきっかけは、ナカニシヤ出版編集部の宍倉氏が数年前から熱心に企画をもちかけてくれていたことによる。次々に新たな公務が加わる状況のなかで、手をつけられずにいたものの、昨年辺りから、これ以上待ってもらうわけにはいかない心境になっていた。今年に入って筆をとり、ここにようやく本書完成の運びとなった。冒頭の書き下ろしの章を除けば、最近十年ほどの間に書きためた文章に必要な加筆修正を加えた文章を四部構成で編んだものである。複数の章でいくつか重複する部分もあったために、結果的にかなりの修正をくわえることになった。

可能な限り、読者の方々に読みやすい文章にしようと心がけたつもりである。ただし、家族療法の実践事例についてはかなり専門的な内容が多く、この分野になじみが少ない読者にとっては読みこなすには骨がおれるかもしれないと危惧している。その場合には、難しい箇所を飛ばして読み、後で興味が出てきた時点で読み直すという手を使っていただいていっこうに差し支えない。

ともかく、著者として、また臨床心理士・家族心理士として、私が本書にこめた思いは、「どのような形態の家族であれ、そこには人間としての成長の可能性や希望はある」ことを信じようとすることにつきる。それがいかに低い成功の確率であり、いかに遅い歩みであっても、私自身はそこに「家族力の根拠」を見出そうとしている。

二〇〇四年八月二十七日

亀口　憲治

著者紹介

亀口憲治（かめぐち・けんじ）　博士（教育心理学）

1975年　九州大学大学院教育学研究科博士課程単位修得退学

現　在　東京大学大学院教育学研究科教授，東京大学学生相談所所長を兼任

専　攻：臨床心理学・家族療法・臨床心理システム論

主著に『家族臨床心理学』（2000年 東京大学出版会）

『家族のイメージ』（2003年 河出書房新社）

『家族療法的カウンセリング』（2003年 駿河台出版社）ほか多数

家族力の根拠

2004年 11月 10日　初版第1刷発行　　定価はカヴァーに表示してあります

2005年　9月 10日　初版第2刷発行

著　者　亀口憲治

発行者　中西健夫

発行所　株式会社ナカニシヤ出版

〒606-8161　京都市左京区一乗寺木ノ本町15番地

Telephone　075-723-0111

Facsimile　075-723-0095

Website　http://www.nakanishiya.co.jp/

Email　iihon-ippai@nakanishiya.co.jp

郵便振替　01030-0-13128

装幀＝白沢　正／印刷＝ファインワークス／製本＝兼文堂

Printed in Japan.

Printed in Japan.

ISBN4-88848-919-X